# 后秩序

〔美〕安德鲁·巴切维奇（Andrew Bacevich）著

张国帅 译

AFTER
THE
APOCALYPSE

中国出版集团
中译出版社

## 图书在版编目（CIP）数据

后秩序 /（美）安德鲁·巴切维奇著；张国帅译
. -- 北京：中译出版社，2023.10
书名原文：After The Apocalypse
ISBN 978-7-5001-7402-8

Ⅰ. ①后… Ⅱ. ①安… ②张… Ⅲ. ①政治－研究－
美国 Ⅳ. ①D771.2

中国国家版本馆CIP数据核字(2023)第078654号

AFTER THE APOCALYPSE: America's Role in a World Transformed
by Andrew Bacevich
Copyright © 2021 by Andrew Bacevich
Simplified Chinese translation copyright © 2023 by China Translation and Publishing House
Published by arrangement with Metropolitan Books,
an imprint of Henry Holt and Company, New York.
ALL RIGHTS RESERVED

著作权合同登记号：图字 01-2023-2079

后秩序
HOUZHIXU

| | |
|---|---|
| 出版发行 | 中译出版社 |
| 地　　址 | 北京市西城区新街口外大街 28 号普天德胜大厦主楼 4 层 |
| 电　　话 | （010）68005858，68358224（编辑部） |
| 邮　　编 | 100088 |
| 电子邮箱 | book@ctph.com.cn |
| 网　　址 | http://www.ctph.com.cn |

| | |
|---|---|
| 策划编辑 | 郑　南 |
| 责任编辑 | 贾晓晨 |
| 营销编辑 | 白雪圆　喻林芳 |
| 版权支持 | 马燕琦 |
| 封面设计 | 潘　峰 |

| | |
|---|---|
| 排　　版 | 北京竹页文化传媒有限公司 |
| 印　　刷 | 北京盛通印刷股份有限公司 |
| 经　　销 | 新华书店 |
| 规　　格 | 710 毫米×1000 毫米　1/16 |
| 印　　张 | 16.5 |
| 字　　数 | 200 千字 |
| 版　　次 | 2023 年 10 月第 1 版 |
| 印　　次 | 2023 年 10 月第 1 次 |

ISBN 978-7-5001-7402-8　定价：88.00 元

版权所有　侵权必究
中译出版社

谨以此书
献给忠诚、勇敢和正直的朗尼·亚当斯（Lonnie Adams）
和道格·菲茨杰拉德（Doug Fitzgerald）

我们的战争自始至终都是一场垂暮之战，
抑或说战争的理论因受不良历史说教的影响
而深陷错误的泥沼。
整个战争都充满腐朽的味道……

——马克·布洛赫（Marc Bloch），
《奇怪的战败》(*Strange Defeat*)（1940）

## 致读者

1940年7—9月，马克·布洛赫写了一本很薄的书，书名为《奇怪的战败》。布洛赫既是一位杰出的法国历史学家，又是一名公民士兵（citizen-soldier）。他在第二次世界大战中加入法国抵抗运动，并在战争快结束的时候被德国国家秘密警察杀害。德国国防军从1940年春天开始进攻法国。随后不久，布洛赫所在部队便分崩离析。当时，他在军中超龄担任上尉。这本书就是以这次战败为题材的。

对于法国人而言，这场灾难来得太过突然，令人瞠目。谁也没有想到身为世界大国并拥有悠久军事传统的法国会一夜战败。20世纪20年代，在那场人类历史上代价最为高昂的战争中，

# 后秩序

法国军队还能轻松碾压德国入侵者。当时，同样一支军队在几个星期之内便溃不成军。《奇怪的战败》就是布洛赫作为一名军人兼历史学家努力探寻灾祸根源的一种尝试。

这本书的法文版在"二战"之后面世，随后被译成英文。布洛赫对战争的描述和反思旋即成为经典。他本人曾坦言，在写这本书的时候其内心充满愤恨。因此，这部薄薄的作品绝非一部冷静的学术著作。恰恰相反，它有如一篇檄文，怒斥了那些使法国遭受战败、占领和羞辱的人。

布洛赫控诉道，造成这种结果的最主要的原因是当时法军最高司令部和法国中央政府的懦弱无能。领导层的失职直接导致了法国的战败。

我写《后秩序》的目的与布洛赫写《奇怪的战败》的目的有些相似。在过去的 20 年里，我不断著书立说，提请大家关注美国领导层的失职，特别是那些与滥用武力相关的失败决策。

到了 2020 年，那些失败决策终于遭到了报应。虽说降临到美国头上的厄运与 80 年前法国所遭遇的有所不同，但根本原因非常相似：最高领导层的无能外加他们的傲慢、过失，以及学习能力的欠缺。

正如布洛赫一样，我不能故作镇静。那些问题近在咫尺，其迫切程度容不得我镇静。

## 致读者

"我所属的这代人总有种愧疚感,"布洛赫在《奇怪的战败》中写道。除了少数深受大家敬重的人,我这一代的美国人经常用良知换取眼前的小利。

因此,这本书并不仅仅写给我的同辈人,更写给那些不得不处理我们留下的烂摊子的年轻人。我们要认真思考如果不向那些沉疴痼疾开刀,美国会怎么样。我希望年轻一代能从这种思考中获益。

安德鲁·巴切维奇

2020 年 10 月写于马萨诸塞州沃尔波尔

# 前　言
# 没那么清白

　　2020年夏天，当我正在写这本书的时候，紧张的美国人嗅到了灾祸的气息。肆虐的山火将加利福尼亚州、俄勒冈州和华盛顿州的大片土地烧成了焦土。同时，墨西哥湾又受到了飓风的袭击。这一切都加剧了业已弥散在人群中的恐惧。人们害怕世界末日真的会来临。于是，报社的编辑们纷纷将"浩劫"（apocalypse）这个词插入新闻头条的标题中：世界浩劫就在眼前；气候浩劫已经来临；浩劫如何成了新常态；加利福尼亚的八月浩劫；加利福尼亚的浩劫正向你走来。这些报道的弦外之音是，你随时可能成为经历这些灾难的人。

　　火灾和洪水只是美国人不得不忍受的一连串惩罚中最新的

## 后秩序

例子。首先是唐纳德·特朗普总统带来的有毒且分裂的政治；其次是发生在2020年春天的吞噬全美的新冠肺炎疫情大流行；紧随其后的是经济崩溃，其严重程度堪比20世纪30年代的经济大萧条（Great Depression）。在美国人还没回过神来的时候，一场声势浩大的要求清算美国种族主义遗留问题的群众运动爆发了。不用多说，白人民族主义者的反扑也随之而来。

积怨、瘟疫、匮乏和愤怒是我们所看到的现实版《启示录》的"四骑士"。它们当中，每一个都是对美国体制的冲击，每一个都暴露了美国政治机构的缺陷和腐朽。在此之前，美国人民一直对"四骑士"的操守抱有厚望。不仅如此，上述谈到的每一个"骑士"都让掌握国家政权的精英人士错愕不已。

特朗普入主白宫充分暴露了美国政治制度的巨大缺陷。他对宪法和法治的公然蔑视危及了美国的民主传统。新冠病毒大流行揭示了主流国家安全概念存在的重大瑕疵。在美国人民有生命危险时，政府部分的反应迟缓而无效。在短短几周内，新冠疫情引发的经济危机就使千百万人失业，数百万家企业倒闭。被称为"黑人的命也是命"（Black Lives Matter）的民众抗议运动暴露了美国社会还广泛存有根深蒂固的反种族平等的残渣余孽。

集中爆发在2020年的各种灾祸使人感觉天要塌了。政治秩序已经完全失灵。接二连三的危机使美国人遇到了几代人以来从来没有过的考验。不同的危机相互加持，合在一起，开启了一个重要的、令人不安的"灾难"时刻。

这种灾难到底意味着什么，还有待观察。也许灾难之后，美国会迎来一场伟大的国运复兴，一场像19世纪60年代那样的复兴。当时，美国虽惨遭内战蹂躏，但经过一系列彻底的政治改革，美国成了世界上最富有的国家。或者说，当美国从目前的考验中走出来时，迎接它的是与20世纪30年代法兰西第三共和国一样的命运。除政治持续失灵外，不能有效应对外部威胁都是使法国退出强国之林的原因。

这本书的出发点非常明确：无论这个由我们亲手书写的当代《启示录》会带来复兴还是进一步衰退，美国都得修改那些能够决定美国世界角色的前提。说简单点，美国的基本政策必须改变。

甚至在新冠病毒席卷全美并夺走数十万美国人生命之前，接连不断的失败政策就本应清楚地表明，以军事优势、全球力量投射、同盟体系、常年征战为中心的国家安全范式即使不能被视为自我伤害的源头，最起码也应被投入历史的垃圾桶。每年近一万亿美元的成本实在是太高了。这些令人失望甚至绝望的政策根本不可能兑现白宫、国务院或五角大楼所做的承诺。

# 后秋序

即便如此，这些承诺仍被美国建制派媒体不断地重复和夸大。

法国政府在20世纪20年代和30年代表现无能，为法国在40年代被德国击败埋下了伏笔。同样，在"9·11"事件之后的20年里，失能、无效的美国政策也为2020年的苦难铺平了道路。

2001年9月的恐怖袭击事件促使华盛顿加倍重视军事优势和全球力量投射能力。美国政府认为它们对保护美国人的安全和维持美国的生活方式至关重要。没有人认真考虑过其他替代方案。大家也没有就基本国家安全的前提条件展开过辩论。擂响的战鼓容不得人们再犹豫，更容不得人们仔细思考。

无论多晚，2020年的启示都要求美国人认真审视冷战后的国家政策到底带来了什么，又付出了多大的代价。"9·11"事件已经过去了将近20年，我们现在需要摘掉眼罩，坦然面对自己的愚蠢。这也是我写此书的目的：确定近年来美国的幻想与它们所导致的痛苦之间到底有什么样的关系。

灾难并非凭空而来。它是有先例的，这和我们看待历史的方式很有关系——我们选择记住什么、抛弃什么、珍藏什么、忽视什么。

然而，不幸的是，即使在今天，这种失败的国家安全范式仍深深扎根于华盛顿。它的持续存在证明了军工复合体在美国

前言　没那么清白

有着强大的影响力、倦怠的军官团队仍痴迷于错误的战争概念以及为了消除批评的声音有人会对主流媒体施加监管。导致这些现象的根本因素是美国民众"事不关己，高高挂起"的态度。除了仪式性地表达对军队的支持以外，他们毫不关心美国在全球事务中的角色和地位。更重要的是，错误的政策处理方式与决策者息息相关。美国的决策者在思考美国的世界角色时仍深陷迷思。他们大脑里选择性记忆产生了一个又一个的幻想。

进入美国的决策圈是要付出代价的。它要求你放弃或最起码压制自己真正的独立思考能力。要想成为美国政治阶层的正式成员，你必须效忠于一种世界观。这种世界观的核心是一种独特的历史观以及美国人天赋使命的特定信念。

1776年，托马斯·潘恩①写道："我们有能力让世界重启。"自那以后的几个世纪，潘恩的弟子和效仿者宣称，美国不仅拥有设立新起点的特权，还有确认最终目的地的权力。实际上，在其成为一个更美好的联邦的过程中，美国本身就象征着历史的最终目的地——或者说，美国的政治阶层是这样认为的。

所有这些说法都可以归到美国例外论（American Exceptionalism）名下，这一概念之于美国的基本政策，恰如Meta的口号"让世界更紧密地联系在一起"（Bring the World Closer

---

① 托马斯·潘恩（Thomas Paine，1737—1809），美国思想家、政治活动家。

# 后秩序

Together）之于这家巨型企业的使命。这类标语把真实的目的都掩盖了起来，根本就不提"权力"这两个字。打着这些标语，你就可以随心所欲、为所欲为，就像美国在其大部分历史中所扮演的角色一样。

将近 20 年前，我写过一本名叫《美利坚帝国》的书，对美国例外论提出了不同的看法。为了表明该书的目的，我在卷首语里引用了美国国务卿马德琳·奥尔布赖特（Madeleine Albright）在 1998 年 2 月 19 日参加全国广播公司（NBC）《今日秀》节目时说的一段话。"如果我们必须使用武力，"她说，"那是因为我们是美国，我们是一个不可或缺的国家。我们昂然挺立，与其他国家相比能更好地看到未来。"这种令人瞠目结舌的说法无论在过去还是现在都是喻示美国统治阶层虚荣和自负的一座"丰碑"。说这话时，克林顿政府正在讨论对伊拉克实施新一轮空袭。华盛顿当局认为伊拉克独裁者萨达姆·侯赛因对美国构成了现实的威胁，因此空袭是必要的。

仅仅四天之后，世界伊斯兰阵线（World Islamic Front）就发表了一份声明，敦促发动针对犹太人和十字军的圣战（Jihad Against Jews and Crusaders）。该文件的起草者之一是奥萨马·本·拉登（Osama bin Laden）。在文件中，他指出，将美国军队赶出阿拉伯半岛是一项需要全世界穆斯林支持的道德义务。这种说法等于在召唤未来，奥尔布赖特和美国外交决策机构的其他成员始终没有看到的未来，直到世贸大厦在一片烟尘中倒塌，成为废墟。随之而来的一连串事件，以及代价高昂的战争，表明美国的外交决策机构既没有能力辨识未来又没有能力应对当下，更不用说做历史的先锋队了。

这种缺陷不仅仅体现在政府高层身上，较低层级的官员也是如此。在宣称看得更远时，奥尔布赖特使用的是谁都能听懂的美国政策通用语。级别没有国务卿那么高的官员说自己的"土语"，虽说这样做显得有些粗俗。

2007年5月，我的儿子在伊拉克战场遇难。一年后，我应邀前往我们的家乡马萨诸塞州沃尔波尔市参加一个阵亡将士纪念日（Memorial Day）活动。我没有发表演讲，而是读了一首由一位英国军旅诗人在第一次世界大战期间写的诗。这首诗不是一首用来庆祝胜利的诗。参加活动的还有两位当地官员，一位是州众议员，一位是州参议员，他们是我们镇的民意代表。当时，伊拉克战争已经进入了第5年，进展非常不顺。令我感到惊讶的是，两位本职工作与军事没有一点关系的州议员发表了振奋人心的演讲。每一个演讲都是奥尔布赖特讲话的变体：正在进行的战争是一场正义的战争，我们的部队一定会凯旋，自由和民主一定会迎来最终的胜利。

# 后秩序

那一刻，我感受到美国例外论的毒素已经侵入美国的政治机体。很快，我便得出结论，除非美国人放弃自己要做历史代言人的自负，认识到在华盛顿发号施令的官员并不比他们在其他国家的同行更能掌控人类的命运，否则重新定义美国在世界上的角色几乎是不可能的。即使在国内，他们的指挥也经常偏离方向。联邦政府对新冠肺炎疫情迟缓而又无能的应对就是其中的一个例子。

就像世界其他地方的人一样，在等另外一只靴子掉下来的时候，普通美国人大多选择随波逐流。2020年的事件肯定已经证明了这一点。无论政治精英们如何煞有介事地宣讲，都不能改变这样一个事实，即美国人并不创造历史，他们也会受到历史的蹂躏并不得不适应历史的需求。

希拉里·克林顿在2016年民主党全国代表大会（Democratic National Convention）上曾说，"美国之所以伟大，是因为它是一个好国家"。你可能禁不住要把希拉里这俗气且毫无新意的演讲视为标准的政治献媚。但如果你这样做，就会错失其真正的意义。毕竟，希拉里在美国发动的那些代价高昂的战争中扮演的可不是小角色。在当参议员时，希拉里就投票支持小布什总统对伊拉克的非法入侵。在2011年当国务卿时，她参与策划了对利比亚的武装干预，最终让这个国家深陷无政府状态之中。

然而，在接受民主党总统候选人提名后的演讲中，希拉里仍向外界不遗余力地表明她才是美国例外论的真正信徒。

唐纳德·特朗普在这一点上值得称道：他并不认为美国之所以伟大，是因为它是一个好国家。在赢得那场希拉里志在必得的总统大选后，特朗普接受了一个采访。在采访中，他被记者逼问为什么对俄罗斯总统弗拉基米尔·普京（Vladimir Putin）那么好。"他是个刽子手。"记者咄咄逼人地说。"世界上有很多刽子手，"特朗普回应道，"你认为我们国家就那么清白吗？"

特朗普的话非常令人震惊而且明显不符合总统的身份，但它揭示了美国例外论的忠实信徒永远不会承认的一条真理。道破那条真理，特朗普就成了异端。这就像教宗指责耶稣的使徒在复活节主日（Easter Sunday）制造骗局一样。

在这里与清白相对而言的不是罪恶，而是道德意识。这本书的出发点就是被特朗普道破的那条真理。美国既不清白，也不是没有其他选择，在此前提之下，书中各章将探讨一个在国内外面临无数挑战并能保持权力地位和影响力的有道德意识的国家会如何让自己快速适应变化中的全球秩序。

要做到这一点首先要挖掘美国现有政策的下层结构、揭示很少被验证的假设以及曝光被视为理所当然的操作。正是这些支撑着国家安全机构，并使无数行动接受有效监督。所以，在

# 后秩序

后面的各章中，我关注的重点不是削减核武器、限制总统的战争权力、取消昂贵的武器开发项目、恢复公民士兵传统或者按照特定比例削减五角大楼的预算。我的目的是为什么这些有价值的建议在封闭的决策圈内没有得到应有的重视。也就是说，我力争回答如下这个问题：哪些深层次原因导致了有明显缺陷的现状长期存在，并阻止了急需的改革？

在这一点上，这本书可以被解读为对美国"人造记忆"的反思。无论与家庭、种族、民族、宗教、政治有关，还是与国家有关，过去都是人类的产物。它不是固定的，而是可塑的。它也不是永久的，需要不断地被审视和修正。历史的价值与目的相关。时代的变化使我们熟知的历史变得不合时宜。因此，我们需要发掘能更好适应当前要求的"新"历史。

现在的全球秩序与我 1947 年出生时完全不同。但是，在华盛顿，关于美国历史角色的神圣假设仍来自"二战"与冷战之间的过渡时期。前者以史诗般的胜利告终，后者则是一场旷日持久的斗争。后续的冷战进程增强了"二战"在美国人集体意识中的地位。在冷战结束后的几十年里，虽说美国人经历了无数次的失望和误判，但这种在 1947 年前后形成的历史意识却丝毫没有受到任何影响。

美国人从 2020 年中一系列被诅咒的事件中能学到很多东

西。尤其是，他们应该清楚，他们盲目接受的所谓的真实历史是如何失去意义的。在一个已经完全改变的全球秩序中找回美国的位置需要我们彻底修正自己对过去的理解。在这种背景下，历史修正主义（Historical Revisionism）不再是一种学术活动，而是完善治国之道的前提条件。

因此，这本书要研究：深嵌于美国全球领导地位认知的"人造记忆"；"西方"作为一种地缘政治建构正逐渐淡去；因"特殊关系"而产生的扭曲；只顾那些熟悉或更利于官僚操作的威胁，不管眼前威胁的严重后果；种族在美国国家安全政策中不断演变的意义；否认帝国存在但同时又要面对帝国经营不善的复杂问题；国家集体意识在"月满则亏"之后产生的政策影响。在这本书的结尾，作者会阐明如何将这些因素转化为更合理、更实际的国家安全策略。

"9·11"事件曾给我们带来震惊、恐惧和羞辱。转眼间，它已经过去了快20年。那一天发生的事应该彻底击碎冷战后盛行的美国人决定人类未来的说法。政治精英们可不这么想。为了再次确认美国的历史引擎地位，他们制定了一条最终导致2020年各种震荡的行动路线。轻率的海外冒险主义放大了国内的脆弱性。在这段时间里，鲁莽和不负责任是美国国家政策的主题。

# 后秩序

　　走另外一条道路也是可能的。这条道路基于现实主义、审慎以及严谨的自我理解。它还需要认识世界本来的样子，摒弃政策精英们一厢情愿的勾勒。盛行于最高权力小圈子里的傲慢和无知导致美国人没能正确理解他们在国际秩序中的位置。这本书会找出那些造成目前混乱的习惯和妄想——有些可以追溯到几十年前。从这个意义上讲，虽说在某些方面这是一本政策性很强的著作，它也会反思历史以及思考对历史的滥用。

　　为了构想和实施一种负责任的治国之道，美国人将不得不重新思考。没有什么事比这更紧迫了。

# 目 录

第 1 章　旧的、新的和下一个　　001

第 2 章　西方的失势　　025

第 3 章　没有那么特别　　051

第 4 章　奇怪的失败，美式风格　　073

第 5 章　自然的报复　　091

第 6 章　以前为何而战，现在为何而战　　119

第 7 章　与你的帝国吻别　　153

第 8 章　至关重要的历史　　175

结　语　事实，并非情感　　193

致　谢　　211

注　释　　215

# 第 1 章

# 旧的、新的和下一个

# 第 1 章　旧的、新的和下一个

教宗方济各（Pope Francis）在新冠疫情期间的一次采访中说道："我们应该重拾记忆，因为记忆会成为我们的帮手。"教宗的建议不仅仅适用于他的信众，还适用于美国。若要认清美国例外论（American Exceptionalism）的种种恶果就得重拾绝大多数美国人想要忘记的事情。

那些经过精挑细选的供人们记住的"历史"包括塑造的政治意识并合法化美国滥用自身的军事及经济实力。选择记住什么以及去除或隐瞒哪些历史细节是一件很容易办到的事。但是，这样做却无法令我们完整、准确地记录历史。

自特朗普就任美国第 45 任总统以来，记者和读者就以统计他脱口而出的瞎话、半真半假的言辞以及彻头彻尾的谎言为乐。毫无疑问，特朗普总统天生就是一个擅长撒谎的人。但是，若能实现美国的野心，美国人便能坦然接受那些瞎话、谎言以及半真半假的说法，哪怕它们过分到特朗普那样的程度。

这一点至少可以追溯到安德鲁·杰克逊（President Andrew

# 后秩序

Jackson）总统时期，这位美国总统曾强迫切罗基人（the Cherokees）迁出世代居住之地。批评这一做法的人谴责美国政府掩盖事实的行径，但收效甚微。1836年，俄克拉荷马州切罗基族（Cherokee Nation）的酋长写信给美国国会，抗议美国政府将切罗基人强行迁出他们的土地。在这封言之凿凿的信中，约翰·罗斯酋长（Chief John Ross）恳请美国政府和美国人民永远不要认同这种不公和压迫的行为。但事实上，这种行为早已被美国政府和美国人民接受，虽说他们也表达了些许没有任何实际意义的遗憾之情。

10年之后，来自俄亥俄州的美国参议员托马斯·科温（Senator Thomas Corwin）在参议院演讲时厉声谴责当时的美墨战争。他认为，在这场战争中，美国掩盖其贪欲，打着"虚伪的幌子"，觊觎和攫取本不属于自己的东西。科温坚信，真相终究会浮出水面。他说："历史是一位严厉的法官，无论我们现在说些什么抑或在书中写些什么，它都将重新审视、明辨真伪并将我们送上审判台。"事实上，在美国占领了加利福尼亚和西南部地区之后，美国人就已经迫不及待地接受了这类虚伪的幌子。

到了19世纪末，这种虚伪的做法不仅没有收敛，反而变本加厉，这使美国大文豪马克·吐温大为光火。在"解放"

## 第1章　旧的、新的和下一个

古巴的美西战争中，美国顺带吞并了菲律宾群岛。为此，马克·吐温特意修改了《共和国战歌》（*The Battle Hymn of the Republic*）的歌词。

> 我的双眼已看见利剑的砍杀，
> 他正在搜寻陌生人藏有财富的家，
> 他放出可怕的闪电，留下死亡和哀怨，
> 他的贪欲永远向前。

在屠杀了大约20万人之后，美国最终平息了菲律宾人的反抗。马克·吐温改写的这首歌曲也很快被人遗忘。

这些与美国对外扩张息息相关的历史事件距离我们已经有些遥远，我再次提到它们主要是想说明一个更大的问题：我们经常歪曲记忆（或者彻底遗忘）那些于己不便的事实，在这一方面我们有着巨大的集体潜能，正是这种集体潜能推动了美国的对外扩张。当然，这些事实偶尔也会引起人们的关注甚至给人们带来阵阵悔意（看到美国原住民受到美国政府的迫害，谁又能感到舒服呢）。然而，这些事实很快就会在不特别相关的标题之下被归档尘封，美国人作为上帝新选民的神话则几乎不受任何影响。在最后的分析判断中，只有那些支撑美国扩张理

# 后秩序

念的事实才真正重要。

为了更清楚地看清这一点,可以读一读约瑟夫·拜登在2020年新冠肺炎疫情暴发之初发表在《外交》(Foreign Affairs)杂志上的一篇文章。这篇文章的标题——"美国为什么要再次领导世界"——充分预示了这位美国前副总统入主白宫后所要奉行的外交理念。在过去的20年里,美国的领导层似乎并没有制定出特别令人满意的外交政策。即便如此,拜登也不打算反省美国政府所犯的错误。比如说,他闭口不谈2003年美国对伊拉克的入侵,那时候他担任美国参议院外交委员会(Foreign Relations Committee)主席并坚定支持这一行动。与此相反,这位未来的美国三军总司令却摆出了一盘迎合所有人胃口的大杂烩,议题既涵盖贸易、气候变化又包括海外反腐以及提升全世界妇女和女童的地位。在这一揽子承诺中,最引人注目的就是他保证美国在必要时会诉诸武力并誓言这个国家将保有"世界上最强大的军力"。他这样说就好像慎用武力或者现有攻击力量的不足已经在某种程度上妨碍了美国的政策实施。

要想理解拜登的外交理念,我们必须足够重视那些支撑其论点的陈词滥调。他坚持认为历史会验证他的观点。与富兰克林·德拉诺·罗斯福(Franklin Delano Roosevelt)在大萧条

## 第 1 章 旧的、新的和下一个

期间的第一次就职演说相呼应，他向自己的支持者保证："这不是一个该害怕的时刻，这是一个积聚力量、鼓足勇气的时刻。正是这种力量和勇气使我们在两次世界大战中获胜并扯下了铁幕（Iron Curtain）。民主和自由主义战胜了法西斯主义和独裁统治，创造了一个自由的世界。这场竞赛不仅塑造了我们的过去，也将决定我们的未来。"

简而言之，正是这种陈旧的词语支撑着美国例外论。美国例外论认为美国的一系列胜利打造了一个自由的世界并将过去、现在和未来无缝连接起来。当然，这种陈词根本经不起任何推敲，但这并不重要。（"一战"的结果能否被视为胜利？它是不是为日后的乱局埋下了伏笔？不以民主和自由为圭臬的苏联领导人约瑟夫·斯大林不也在"二战"中为打败法西斯出了力？）拜登的历史框架完全排除了1914年之前和1989年之后的阶段，而对于其间发生的事件又有些过于美化。拜登把历史描绘成美国成功消除一个又一个长久威胁的过程，这种做法抓住了美国建制派政客（除了特朗普，几乎每个人都是）对美国历史的核心理解。这些政客在自己的竞选演说中或在出席爱国主义活动时总会情不自禁地说到这些。

我过世的母亲既是一位光荣的"二战"老兵又是一个坚决反对堕胎的虔诚的天主教徒。她在世时绝不可能把票投给拜登，更不可能投给令她鄙视的希拉里·克林顿，但她却完全赞同他们对美国在近代史中所扮演的角色的看法。毕竟，这是她亲身经历的历史。她出生在20世纪20年代，亲历了大萧条、"二战"和冷战，在去世之前，又赶上自己的孙子死在伊拉克战场。所有这些却都没有让她对美国的历史角色产生丝毫的怀疑。她也坚定地认为，"美国是一个好的国家，它非常伟大"。

## 旧秩序、新秩序和下一个秩序

这些作为我母亲一生写照的事件是否仍与现实息息相关？这些事件是否还应塑造她孩子的孩子的孩子的生活？我们有无可能身处一个完全不同的时代？也许，我们与大动荡擦肩而过的唯一好处就是有朝一日能够有针对性地回答这些问题。

小阿瑟·施莱辛格（Arthur Schlesinger Jr., 1917—2007）既是一位著作等身、获奖无数的历史学家，又是一位曾为数位美国政治家助选、热衷政治的人。他的学术声誉主要来自多卷本史学著作《罗斯福时代》（*Age of Roosevelt*）。该书第一卷《旧秩序的危机》（*The Crisis of the Old Order*）在1957年出版。

## 第 1 章　旧的、新的和下一个

在施莱辛格看来，发生在 1914 年到 1918 年间的 "一战" 的结局极其令人失望（在 20 世纪 20 年代和 30 年代，没有几个美国人将其视为美国的胜利）。"一战" 的结局与美国的大萧条（Great Depression）共同导致了旧秩序的消亡，用施莱辛格自己的话讲，旧秩序 "最终衰竭"。

在施莱辛格眼里，整个进步时代都受不切实际的理想主义之累。由此，美国人在 "一战" 之后开始接受正常回声。但在他看来，所谓正常指的是从众、自满以及尊崇商业狂热分子。施莱辛格将当时盛极一时的单调乏味、四平八稳的国民心态比作死气沉沉的中西部小镇生活——阴凉的街道、每周的教友聚会、周日上午的高尔夫以及紧随其后的炸鸡大餐和下午的小憩。

1933 年，施莱辛格正处在一个少年恰知书滋味的年纪。也就在这一年，富兰克林·罗斯福推出了新政。此后，罗斯福新政和他本人在 "二战" 期间所表现出的卓越的领导才华共同打造了一个充满活力、开明进步的新秩序。施莱辛格将美国的国内政治描绘为古板的保守主义分子与远见卓识的自由派人士之间的较量。他眼中的新秩序在国际层面留有清晰且崇高的意识形态烙印：民主资本主义与各种形式的极权主义的对决塑造了一个新时代。在这样的一个时代里，做任何事情都要选边站。

## 后秩序

新秩序绝不允许出现骑墙。

富兰克林·罗斯福开创了新的秩序,冷战期间的美国总统,从哈里·杜鲁门(Harry Truman)到罗纳德·里根(Ronald Reagan),则维持了这一秩序。虽说他们在这方面的表现有好有坏,但领导自由世界是评价他们的统一标准。

即使柏林墙在1989年轰然倒下之后,这一标准仍安如磐石。在后冷战时期,比尔·克林顿(Bill Clinton)、乔治·沃克·布什(George W. Bush)以及巴拉克·奥巴马(Barack Obama)都努力维持新秩序的活力,哪怕这意味着要时不时为新秩序连上"呼吸机"。虽说美国经历了一系列令人震惊的事件,例如,1998年互联网泡沫的破灭、最高法院裁决2000年总统选举、"9·11"恐怖袭击事件、失败的全球反恐战争、2005年"卡特里娜"飓风(Hurricane Katrina)带来的毁灭性破坏,2007—2008年的经济大衰退(Great Recession)以及唐纳德·特朗普(Donald Trump)的崛起,美国的政治精英从未动摇过对新秩序的坚持。纵观美国,曾居主导地位的主流新教(mainline Protestantism)的各个教派也许已经陷入混乱,但美国政界仍坚信上帝视美国为救赎的手段,这一点丝毫没有动摇。

如此说来,拜登2020年发表在《外交》杂志上的那篇文

## 第1章　旧的、新的和下一个

章背后有着施莱辛格的影子（其所述内容的核心观点不断被无数后来的作家证实）就丝毫不令我们感到奇怪了。甚至我在写这本书时，美国政治中的建制派人士（自然不包括特朗普）依然执迷于自己的幻想：绝大部分美国人在1945年至1989年期间所坚信的道理观念和地缘政治理念至今仍全面适用。当选没几天，拜登就向外国领导人大声宣布："美国回来了！"

需要指出的是，很少有人注意到一个事实，即促成那个时代特定氛围的客观条件早已不复存在。人们仍认为，美国依然担负着领导"自由世界"与黑暗势力斗争的重任。

"二战"结束之初，绝大多数欧洲国家和大部分亚洲国家百废待兴。美国则在战争期间毫发未伤，仍具备自主发展能力。那时候，美国的确拥有无可置疑的经济和科技优势。独家拥有的核武器又决定了它的军事主宰地位。被战争搞得七零八碎、士气低落的西欧各国急需美国的援助和保护。甚至那些战败的轴心国成员——德国、意大利和日本——也转而向华盛顿求助。在远东地区，中国国力孱弱且处在内战边缘。苏联则有意输出与自由主义相对的意识形态，打造自己的帝国，由此对几乎遍布全球的"美利坚治世"（Pax Americana）构成了巨大的挑战。

毋庸置疑，这些特定因素使美国拥有了无与伦比的全球地

## 后秩序

位，但同时也要认识到上述各种因素到了 1989 年就已不复存在。然而，美国的独霸地位已经被美国政客视为美国与生俱来的一项基本权利了。

柏林墙的倒塌似乎验证了过去几十年所付出的努力和牺牲，但对于这件事，大家庆祝得多、思考得少。冷战的结束带来了一个打造更大、更好的"美利坚治世"的机会。在经历了几十年的冲突和竞争之后，只剩下了一个超级大国。由此，果断而坚定的美国全球领导与以往相比更加重要。我们可以假定，美国在当时有充足的资源履行它的职责。除此以外，美国并没有其他的选择。

然而，新秩序就像阿瑟·施莱辛格所描述的 1932 年的旧秩序一样难以为继。证据随处可见：令人震惊的经济不平等、棘手的种族主义问题、社会分裂、急剧增加的个人债务、预算赤字、贸易不平衡以及最为重要的民众渐渐对美国制度丧失信心。对于一个致力于打造世界最强军队的国家而言，五角大楼所耗费的大量资源与其在海外干预行动中造成的灾难性后果形成了鲜明的反差。随着冷战的远去，这类干预行动变得越来越频繁，耗资越来越巨大。

美国前国务卿马德琳·奥尔布赖特（Madeleine Albright）曾期望美国在冷战后继续发挥全球领导力并由此塑造世界的未

## 第 1 章 旧的、新的和下一个

来。但是,支撑这种期望的各种假定都已经站不住脚了。就像底特律在其市场份额被欧洲和日本的汽车生产商夺走之后仍将自己称为"汽车城"(Motor City)一样,美国政府也绝不会承认自己已无力领导世界。

在这方面,2016 年的美国总统大选倒是折射出了 1932 年总统选举的特点。在这次大选中,美国选民之所以将唐纳德·特朗普送入椭圆形办公室(Oval Office),是因为他们已经厌倦了维持现状,希望他带领美国开辟一条新的道路。实际上,无论是罗斯福还是特朗普,都不清楚那样一条道路到底通向何方。两位总统都属于那种走一步看一步的人。施莱辛格曾经写道,随着 1933 年 3 月 4 日就职典礼的临近,富兰克林·罗斯福显得沉着、冷静,坚信美国天命在身,能逢山开路、遇水搭桥。与此不同,特朗普的工作风格从不以泰然自若著称,他那些近乎异想天开的临时起意构成了特朗普政府的重要标志。

在 2020 年夏天,美国麻烦不断,这种临时应对式的即兴治国再也行不通了。特朗普当选总统标志着新秩序的最终消亡。至于拿什么来取代原有的秩序,特朗普也毫无头绪。总统候选人拜登则发誓要恢复美国作为"自由世界"领导者的地位。拜登的这种说法和特朗普有关新冠病毒的看法一样不靠谱。特朗普曾在 2020 年 2 月向公众许诺随着天气的转暖,病毒会自然而然消失。

无论我们是否乐意，打造下一个秩序（Next Order）的重担最终会落在我们的肩上。我们需要尽早确定下一个秩序的具体规范。这同时也意味着要和美国例外论做彻底的了断。

## 历史对下一个秩序的重大意义

为了及时过渡到下一个秩序，美国人应该听从教宗方济各的忠告，尽快恢复他们的记忆。最起码，发生在2020年的一系列事件使人们对种族问题更加警醒。美国警察杀害黑人的案件不胜枚举，这令美国民众大为愤慨，其程度也远远超出了种族的界限。最直接的结果便是，很多美国人——当然不可能全部——重新认识了种族主义。白人特权从未像今天这样成为美利坚民族灵魂的一个无法抹掉的污点。

白人特权到了国际政治领域就变成了美国特权（American privilege）。和古往今来的其他世界强权一样，美国一贯认为，它可以按照自己喜欢的、非常灵活的标准评价其在国际舞台上的行为。

## 第 1 章　旧的、新的和下一个

正如自鸣得意的国内叙事着眼于自由会不受阻拦地从"此岸"扩展到"彼岸"一样，美国的海外叙事强调将自由传播到地球的各个角落。带有英雄情结的美国海外叙事与国内叙事相比更容不得半点模棱两可和自相矛盾。由此，诸如帝国主义、军国主义、大规模杀害非战斗人员之类的令人感到不安的话题经常被边缘化甚至完全被排除在叙事之外。

美国历来将自己视为一个与众不同的国家。对于这样一个国家而言，上述每个话题都令人痛心、非同寻常，但它们都是不容忽视的重大问题。美国若想在正在成型的下一个秩序中谋得一席之地，就必须直面这些问题。正像处理种族问题一样，解决这些主要矛盾已经变得非常紧迫。现在到了该说实话的时候了。

美国第二位总统约翰·亚当斯（John Adams）曾说过，"强者总是认为自己有一个伟大的灵魂，有弱者无法理解的广阔视野；当他违反上帝的所有律法时，却声称自己在为上帝服务"。这种说法同样适用于美国和其他现代强国。立国以来，美国取得了很多重大且令人钦佩的功绩。与此同时，它也犯下了严重的罪行。

罪行之一便是帝国主义。自认为高人一等便可以奴役所谓的劣等人实属罪大恶极。然而，美国却有着悠久的帝国主义传统，这种正式或非正式的传统甚至可以追溯到北美殖民地时

## 后秩序

期。乔治·奥威尔（George Orwell）曾经写道，"只要给事物换个名字，大家就会觉得它与以往不同"。为了掩盖其帝国主义行径，美国历来擅长变换言辞。例如，昭昭天命、开疆拓土、皈化异教徒、保护美国人的生命和财产以及分享民主的福泽。但是，那些理应得到美国照拂的群体，无论是美国原住民、墨西哥人、古巴人、菲律宾人、越南人，还是最近的伊拉克人和阿富汗人，都从未信过美国的鬼话。

我们再也不能出自己的洋相了，特别是，再也不能忽视那些由荒腔走板的帝国干预所导致的恶劣后果了。这方面的例子包括美国在1953年推翻民选的伊朗政府，使美伊两国长期交恶；1961年4月，美国在猪湾（Bay of Pigs）入侵古巴，这次战略误判引发了次年10月的古巴导弹危机（Cuban Missile Crisis）；当然，"9·11"恐怖袭击事件之后，美国根据"自由议程"发动了一系列错误的战争，其成本浩大，收益却令人质疑。

罪行之二便是军国主义。美国人经常用这个词形容"一战"期间武装到牙齿的欧洲人，他们头也不回地一头扎进宛如人间炼狱的战场。美国人也把这个词用在德国身上，这个国家从战败中恢复起来之后一心想再大干一场。然而，如果军国主义也可以表现为为战士罩上玫瑰色的光环，将军事力量视为衡量国家强大的最重要的标准以及对武力的有效性抱有过高期望的话,当下的美国就可以与奥托·冯·俾斯麦(Otto von Bismarck)和赫尔穆特·冯·毛奇(Helmuth von Moltke)陆军元帅时如日中天时的普鲁士(Prussia)相比。数字可以说明一切:美国的军费开支超出其竞争对手的开支总和;美国在全球大约 140 个国家有约 800 个军事基地;美国军队长期处于战争状态。军国主义耗资巨大,回报却微乎其微。

罪行之三便是美国对非战斗人员的蓄意屠杀。在任何时候都不能以军事需要(military necessity)为由杀害非战斗人员,美国这样做大错特错,令人极为不安。事实上,美国一度也持上述看法。"二战"初期,富兰克林·罗斯福总统就曾在 1939 年 9 月 1 日向欧洲各交战方发出紧急呼吁,要求各国政府声明"在任何情况下,都不得从空中对平民实施轰炸"。罗斯福还写道,针对平民的空袭是毫无人性的野蛮行为。

当然,没有人真正在乎罗斯福的呼吁。到了 1942 年,甚至连他本人都已闭口不提这一原则。袭击平民已经成为美军作战方式的核心组成部分。在美英两国的"联合轰炸进攻"行动中,共有大约 41 万德国平民被杀。美军战略轰炸日本城市所造成的平民死亡人数与此大致相当。其中,发生在 1945 年 3 月 9 日和 10 日的东京大轰炸共造成 8 万至 10 万非战斗人员死亡。此外，至少22.5万人死于同年8月初的两次核爆炸。朝鲜战争期间，美军的轰炸将很多朝鲜北部城市夷为平地，至少导致100万非战斗人员死亡。在20世纪60年代中期到70年代早期这段时间里，美军对几个东南亚国家的空袭又至少杀死了50万人。

这些只是估出来的数字。事实上，我们无法准确统计自20世纪40年代以来有多少平民被美国制造的杀伤弹、燃烧弹、集束弹或原子弹杀害。但有一点我们可以肯定，美国轰炸造成的死亡人数是巨大的，这大大背离了其最初的政策目标。

令人痛心的是，美国的核政策仍然侧重维持一个庞大的、随时可以用来发动攻击的核武库。这就意味着时至今日仍有可能出现那种可怕的毫无人性的野蛮行为。

如此解读美国的历史，并不是要沉溺于过去的失败也不是让美国向世界道歉。我也没有暗示我们的过失能与其他国家令人发指的罪行在道德层面上相提并论。

然而，要想知道这个国家会在下一个秩序中处于何等地位，人们就得首先搞清楚它是怎样走到今天的。当美国人思考他们的未来角色时，绝不能回避自己的历史，它既包括很多值得庆祝的事情，也包括很多应该感到懊悔的地方。

可悲的是，有名望的政治人物都不赞成均衡地评价美国的

第1章 旧的、新的和下一个

历史，因为诚实对选举毫无裨益。只有像拜登那样巧妙对冲风险的人或像特朗普那样两面三刀的人才能赢得选举。可是，如果不能实事求是地对待历史，美国人就很难充分理解自己目前所处的困境。

## 尼布尔的时刻到了

唐纳德·特朗普在2016年的成功当选彻底否定了马德琳·奥尔布赖特及其同僚所代表的一切。然而，特朗普在担任总统的4年里并没有找到任何替代性方案。拜登也很可能铩羽而归，他的外交政策团队充斥着建制派精英，这些人绝不会改弦更张，会一心维护"美利坚治世"。

对美国历史的全面解读如何有助于塑造美国的未来政策？要想找到答案，我们需要另辟蹊径。在这一方面，雷茵霍尔德·尼布尔（Reinhold Niebuhr, 1892—1971）会给我们带来很多启发。尼布尔在美国历史上是一位不同寻常的人物。他既是一位牧师、神学家，又是一位教师、政治活动家和公共知识分子。在20世纪30年代至60年代期间，他既没有身居高位，

# 后秩序

也没有在战时指挥过军队,更没有在工业、金融或新闻等领域叱咤风云。但是,他却是那个时期美国舞台上最重要的角色。

阿瑟·施莱辛格将自己所写的《旧秩序的危机》献给他的朋友尼布尔有着不同寻常的象征意义:如果说新秩序有一位先知,那一定是尼布尔。尼布尔在1971年去世,随即《纽约时报》(New York Times)便在头版刊登了一篇长篇讣告,里面充满对他的崇拜。讣告写道,尼布尔教导过很多人,他们都成了19世纪50年代和60年代民主党的重要智囊。这其中不仅有施莱辛格,还有迪安·艾奇逊(Dean Acheson)、乔治·凯南(George Kennan)、保罗·尼采(Paul Nitze)和麦乔治·邦迪(McGeorge Bundy)。他们在"二战"期间或"二战"之后都身居要职。冷战之父乔治·凯南甚至将尼布尔称为"我们大家的父亲",这里的我们指的就是那些在新秩序中主导美国外交政策的人。在他们看来,他们这么做是大势所趋。

实际上,尼布尔更像一个被供奉在神龛里的人物。人们对他顶礼膜拜,但也常常将他的金玉良言束之高阁。现在回想起来,我们很容易找到原因。尼布尔曾教导说,权力外加傲慢会蒙蔽人的心智,使人行为失当,进而导致悲剧的出现。然而,制定美国战后外交政策的人却认为把这样的警告用在自己身上是一件令人难以想象的事。

## 第 1 章　旧的、新的和下一个

尼布尔特别提醒大家要提防一种诱惑，即相信美国有责任按照某一预设结果经营历史。他写道，美国历史本身就已表明以某一政治理念为引领，企图将历史洪流置于特定意志控制之下的尝试均不会成功。

可在艾奇逊、凯南、尼采、邦迪以及这个圈子里的其他人眼里，历史的走向非常需要人为经营。除了美国人，谁还能担起这样的重担呢？早于奥尔布赖特几十年，他们就得出了这样的结论：美国是历史上不可或缺的国家。这是他们构建信仰的基石。因此，这些掌权者出于礼貌也会倾听尼布尔的意见，但绝不会受其所制。众所周知，尼布尔极其反对越南战争。可这并没有阻止约翰·肯尼迪和林登·约翰逊政府发动这场冒险的战争并沿着危险的路线越走越远。要知道，这两届政府的很多要职都由尼布尔的超级粉丝担任。

然而，就像一位诗人或作曲家长期遭人误解，他的作品却突然被人理解了一样，尼布尔的时刻也许终于来了。他持有与特朗普一样的观点，认为美国在历史上绝不是清白的。作为一名基督徒，他的世界观来自对原罪（Original Sin）的信仰。据此，在他看来人人都易犯错，而且还会时不时显现出目光短浅、自私自利、行为不端等缺陷。国家也是如此。上帝的全能旨意是隐藏不可知的。由此，美国例外论往好里说是种幻想，往坏

## 后秩序

里说是亵渎神灵。这就是尼布尔作为公共知识分子建立自己完全不同的信仰的基石。

话虽如此,尼布尔并不想让美国在邪恶面前无动于衷。他既不是孤立主义者,也不是和平主义者,更不是乌托邦主义者。在他看来,治国理政的精妙之处在于为无法解决的问题找到最可能的解决方案。尼布尔敦促决策者在浩瀚的历史大幕前心存敬畏。与此同时,他还希望决策者能够谦虚对待那些可以帮助我们解决历史难题的美德、智慧和力量。很显然,在处于新秩序的几十年里,这种谦虚和敬畏对华盛顿的政客而言是一种稀罕物。特别是在苏联解体和冷战结束之后,随着自由民主在全世界的胜利貌似已成定局,这个国家的首都开始充斥自命不凡、自我崇拜的情绪。

尼布尔不仅强调自我意识、谦逊和谨慎的重要性,还力主将现实主义和道德责任结合起来。如何将这些基本原则应用到下一个秩序之中呢?美国在脱离新秩序之后必将面临新的挑战,该书的随后章节就将探讨尼布尔的道德现实主义(moral realism)如何帮助美国应对诸多挑战。

尼布尔的道德现实主义概念始于这样一种认知,即政府的首要任务是保障公民的福祉。就美国而言,这一点意味着保护美国人的安全并捍卫他们的言论自由。它也体现了美国公民对其政治领导人的正当诉求,这种诉求因各种政策失败而变得更加迫切。错误政策彼此叠加,最终导致应对新冠疫情的各种怪诞操作。

尼布尔道德现实主义还认为,完全忽视他人的困境在道德上是无法被人接受的,在一个彼此连通的世界里,更是不可行的。尼布尔在1942年写道,正义的事业既不能寄托在整日梦想完美兄弟情谊的乌托邦主义者身上,也不能寄托在那些认为国家永远追求私利的愤世嫉俗者身上。真正能投身正义事业的人是现实主义者,"他们明白国家是自私的",而且会永远自私下去。但是,无论我们多么自私,自私也不应成为我们的全部。

美国既没有用来修复一个破碎世界的智慧,也缺乏必要的手段。然而,道德现实主义要求各个国家,也包括我们的国家,在其能力范围之内纠正不公、减轻苦难。执政的艺术就在于找到实现这一目标的方法,同时确保国家始终将百姓的疾苦放在至高无上的位置,并牢记希波克拉底誓言(Hippocratic Oath)里的一句话:"首先,避免一切害人之败行。"

美国人现在应该已经明白,对外征伐绝不是一件明智的事。作为治国理政的基础,审慎、耐心外加自我克制和以身作则可能比威胁、制裁和使用武力更能给我们带来成功。

当然,以身作则的前提是先整理好自己的房子。近年来,

**后秩序**

美国人目睹了 2020 年的大封锁（Great Lockdown）、紧随其后的经济大衰退以及反种族歧视的大起义（Great Uprising）。上述每件事都笼罩在唐纳德·特朗普的邪恶阴影里。它们也让美国人清楚地看到了他们眼前的艰巨任务。

# 第 2 章

# 西方的失势

## 第 2 章　西方的失势

美国人坚信自己是西方集团的一分子,这是美国例外论的一个极为重要的组成部分。在阿瑟·施莱辛格所谈论的旧秩序时期,几个西方国家位列世界大国行列。就国家实力而言,美国落后于英国、法国和 1933 年之后的德国。然而,自从新秩序建立以来,美国便一直独占鳌头。美国队长(Captain America)引领西方世界已经成为一种庄严的义务,既象征着美国在全球的首要地位,也为美国在非西方世界行使权力提供了理由。这种安排的潜台词是:谁领导西方,谁就领导世界。

随着下一个秩序的到来,西方这一概念变得过时了。它除了承载情感以外,不再发挥任何作用。与其沉迷于这种情感,不如重新定位美国,将其视为一个既与其他国际社会成员不同又与它们比肩而立的国家。美国应该摒弃它的统治欲,将重心放在化解分歧、弥合差距上。这种做法既能促进美国的福祉,又对世界有利。

在美国的立国前期,美国人更倾向于认为自己位于一个

# 后秋序

自成一统的新世界。这个新世界囊括整个西半球，与旧世界存有一定的距离。正如美国第五任总统詹姆斯·门罗（James Monroe）在1823年所说的那样，欧洲和美洲的政治制度有着本质的不同。由此，美国认为任何企图将自己的政治制度扩展到西半球的图谋都威胁着我们的和平与安全。也就是说，保护美洲的制度就意味着隔绝欧洲的影响。门罗的继任者也支持这一立场，当然，没人事先征求美洲其他国家的意见。

直到1917年美国加入"一战"，美国人才发现他们在政治上是现代西方的一部分。后来被称为西方文明（Western Civ）的课程就源自战时的一项权宜之计，其目的是教导士兵在法兰德斯战场（Flanders Fields）上为何而战。

简而言之，西方文明课发端于政府的思想灌输。

这种类型的思想灌输一直持续到战后并很快在大学校园里流行起来。根据历史学家威廉·麦克尼尔（William H. McNeill）的说法，"西方文明课将尚未开化、无法登大雅之堂的美国人纳入了我们的世界。这是一个伟大的世界，它先进、成熟并充满理性。而我们则继承了始自苏格拉底的西方传统"。"二战"的爆发和冷战的到来进一步凸显了美国在这个知识和文化共同体中的重要地位。这门课也由此变得更加强调由一个统一的西方世界所设定的议程，这个世界在美国的领导之下为

## 第 2 章 西方的失势

自由、理性和宽容而战。

当然，将西方与自由、理性和宽容并列起来需要懂一点儿障眼法才行。这样做就有如将所有的基督徒都视为能真正遵从耶稣教诲的人。一个不大靠谱的故事写道，有位记者曾问印度的圣雄甘地（Mahatma Gandhi），"你如何看西方文明？"据说，甘地是这样回答的："我觉得这会是个好主意。"

对于像甘地这样不被真正视为西方一分子的人而言，这个词就是帝国和白人至上的代名词。毕竟，包括美国在内的那几个领头的西方国家都是彻头彻尾的种族主义者。即使在"二战"结束之后，代表西方价值观的英法等国也无意放弃自己在黑人、棕种人和亚洲人中长期享有的特权。也就是说，它们在全力反暴政的同时也保留了自己以偏见、压迫和暴力为特点的丑恶的阴暗面。

1946年，温斯顿·丘吉尔（Winston Churchill）在著名的"铁幕演说"中宣称，战后计划的首要目的是保证世界各地所有人、所有家庭的安全和福祉、自由和进步。要知道，这位英国前首相考虑的可不是印度人、埃及人、伊朗人和肯尼亚人的安全、福祉、自由和进步。他所指的是美国人、英国人以及那些生活在当时被称为白人自治领的公民。换句话说，丘吉尔的讲话对象是讲英语的民族以及那些被认为足够友好的欧洲人。

## 后秋序

这些人共同组成了战后被称为自由世界的西方。更具体一点，我们这边的德国人（西德人）就可以被划入这个世界，而他们那边的德国人（东德人）则不行。至于其他人，就只能自求多福了。

到了 20 世纪 60 年代后期，西方文明课逐渐不再受学生欢迎。即便如此，在华盛顿和美国盟国的首都，人们仍执迷于一个由美国领导的、分享共同价值观念的、高度团结的自由世界。只要国际政治仍以冷战为核心，一种区分我们和他们并凸显我方道德优越性的机制就有存在下去的价值。这足以弥补因实践经验不足而造成的损失。

冷战结束之后，华盛顿的决策者对西方理念的推崇变得更加狂热。在很大程度上，这是不可避免的。它给美国队长带来了巨大的优势，美国不会仅仅因为苏联的解体和中国进行了市场经济改革而放弃。

杰出的政治学家塞缪尔·P. 亨廷顿（Samuel P. Huntington）赋予了西方新的生命。在这一方面，无人能出其右。1993 年夏天，亨廷顿教授发表了一篇文章，后来的学者将其归为象征美国主宰地位即将消亡的原始版本之一。

《文明的冲突》与冷战后美利坚治世的关系就有如"黄色方案"（德意志国防军在 1940 年制订的入侵法国的计划）与纳

## 第 2 章 西方的失势

粹"千年帝国"的关系:它施下了邪恶的魔法,预示了理性的丧失。

这篇文章不仅简洁明快、行文雅致而且恰逢其时,可以为美国国家安全机构思考未来提供范本。它回答的全是那些尚未被问及的问题。由此,与这篇文章相比,现有的很多想法就显得多此一举了。

亨廷顿在文章中写道,世界几大文明的互动决定全球的未来。它们之间的竞争将取代不同王国、不同民族和不同意识形态之间的老式对抗和争斗。在这些文明中,只有三个会真正决定新兴的世界秩序,它们就是亨廷顿所说的西方文明、儒家文明和伊斯兰文明。一般而言,三大文明很难实现和平共处。即使三者不同时发生冲突,两两发生摩擦的概率也是很高的。亨廷顿曾警告说,"如果有下一次世界大战的话,那一定是一场文明之间的战争"。它将是西方与其他文明(the Rest)的对决。

为了让这种噩兆不再那么吓人,亨廷顿也说了一条好消息:"西方享有巨大的竞争优势,与其他文明相比,它正处在无与伦比的权力顶峰。"

西方的军事力量无可匹敌。除日本外,西方也无须应对其他经济挑战。它主导着各类国际政治和安全机构,并与日本一起掌控国际经济机构。全球政治和安全事务主要由美国、英国

## 后秩序

和法国共同解决,经济事务则由美国、德国和日本等国协同处理。那些在联合国安理会(U. N. Security Council)和国际货币基金组织(International Monetary Fund)做出的反映西方利益的决定也会披上一层光鲜的外衣,号称代表国际社会的意愿。国际社会一词已成为自由世界的一种委婉表述。它为美国及其他西方大国牟取私利的行为提供了国际合法性。

这就是哈佛大学的亨廷顿教授在1993年看到的情况。作为西方世界当之无愧的带头大哥,美国需要做的就是充分利用这些优势,使其他文明与西方保持一致。

在研究国际关系的学者中,亨廷顿的文章引起了很大的争议。然而,决策层的人却丝毫没有感到意外。在亨廷顿眼里,美国是决定世界命运的中坚力量。这一形象与官方看法不谋而合。

毕竟,当时距柏林墙倒塌只有4年时间,距惩戒伊拉克独裁者萨达姆·侯赛因(Saddam Hussein)的沙漠风暴行动(Operation Desert Storm)只有2年时间。这两件事使人们更清楚地认识到美国已登上了西方和世界的权力顶峰。刚刚就职几周,比尔·克林顿就在国会联席会议上说:"美国是地球上最伟大的国家,拥有世界上最强的经济实力和超群的军事力量。"要知道,他在讲这些事实的时候,只是在重复议员们已经知道的事情。

## 第 2 章　西方的失势

然而，矛盾的是，美国的霸权已经不言自明，为何还要不断标榜和宣称呢？在美国政界，"我们是第一！"的类似表述已经成为一种仪式性的颂词。

当阿肯色州州长克林顿当选世界唯一超级大国的总统的时候，尼布尔关于不要强行管控历史的警告显得那么落伍和底气不足。当时的大氛围是，机会就在眼前，当务之急是抓住机会。虽然亨廷顿也曾提醒人们要重视未来的困难和挑战，但他更想说的是在美国与其他文明的对抗中，美国的文明同路人——他称他们为亲属国家（kin-countries）——都会挺身而出，分担美国的负担。亨廷顿眼中的这种安排实际上是把美国的霸权塑造成了一项合作事业，其目的就是美化美国的全球霸主形象。换句话说，整个西方将成为美国统治世界的工具。

亨廷顿当年提出的有关世界未来的预测错了吗？或者说克林顿总统和他的继任者浪费了大好时机，没能建造起一座可以经受住任何文明挑战、坚不可摧的堡垒？也就是说，冷战后的西方理念究竟是受到了误导还是出现了人为操作失误？现在，这类问题也只是在学术圈里讨论讨论而已。我们可以肯定地说，让整个西方为美国大战略服务的想法没能进入下一个十年。当克林顿的继任者离任时，美国已经失去了所有的信誉。

后秋序

# 西方世界的破裂

西方世界走向破裂有几个原因，但没有哪个原因比这一条更重要：冷战的结束把美国和欧洲推上了不同的道路。自20世纪90年代开始，美国便醉心于穷兵黩武，使用武力或威胁使用武力成为其治国的重要方式之一。在这种情况下，外交在一定程度上成了马后炮。欧洲国家完全不能接受这种做法，英国则有些例外（虽然只是暂时这样）。欧洲国家对穷兵黩武的厌恶源于连绵不断的欧洲战祸。这种情感在冷战期间受到压抑，冷战之后，迅速开花结果。换言之，西方世界的终结更像是一场婚姻的结束，双方已无法相处。它的发生与斯宾格勒式的衰退过程[①]（Spenglerian Process of Decline）似乎没有多大关系。

在2002年美国正准备入侵伊拉克的时候，历史学家和新保守主义论辩家罗伯特·卡根（Robert Kagan）发表了一篇著

---

① 德国哲学家斯宾格勒在著作《西方的没落》中指出，西方文化已度过"文化"创造的阶段，进入了反省和物质享受阶段，而未来只可能是无可挽回的没落。

## 第 2 章 西方的失势

名的文章。这篇文章生动而准确地解释了西方世界散架的原因。他写道,"不能再假装认为欧洲人和美国人拥有共同的世界观了,更不能自欺欺人地认为他们分享同一个世界"。

在最重要的权力问题上——权力效能、权力道德和权力欲求——美国和欧洲持有不同的观点。欧洲正在偏离权力政治,进入一个相对繁荣与和平的后历史天堂,也就是康德所说的永久和平。与此不同,美国仍深陷历史泥潭,在霍布斯式的无政府世界中玩弄权力。这就是为什么在现今重要的战略和国际问题上,美国人来自火星、欧洲人来自金星的原因。

在冷战结束后的第一个十年里,美国和欧洲的政治领袖在诸多问题上有过合作,这掩盖了他们针对"最重要的权力问题"的分歧。20世纪90年代,西方为了解放被伊拉克占领的科威特,避免索马里出现大规模饥荒,结束发生在波斯尼亚和科索沃的种族大清洗,并开展了一系列干预行动。实际上,这些干预行动均是美国发动的由欧洲充门面的军事行动。

在1991年的沙漠风暴行动中,五角大楼部署了1800架飞机,法国空军派出了40架。1992年,为了应对索马里混乱的国内局势,2.5万名美军士兵登陆该国,美国的传统盟友主动提出为索马里饥民提供帮助。随着形势的恶化,美军士兵开始与索马里地方军阀作战。北约的其他成员国则没有参与其

## 后秩序

中。1999 年，美国发动了对塞尔维亚的空袭，代号为盟军行动（Operation Allied Force）。为此，美军组建了一支由 700 多架飞机组成的参战队伍。德国也派出了 15 架。盟军飞机共执行了 3.8 万次飞行任务，其中的 3 万多次是由美军完成的。因此，更准确地说，盟军应被称为获得盟军象征性援助的美军。总体而言，在上述行动中，除美国以外的西方国家所做的贡献只比象征意义强一点。

"9·11"事件带来了西方世界的"告别演出"。事件发生之后，北约立刻宣布对纽约和华盛顿的攻击就是对其所有成员国的攻击。这一举动被视为宣示西方团结的最后姿态。在美国保护西欧几十年后，北约的欧洲成员表示他们特别乐意并随时准备回报美国。

无论这种姿态多么令人感动，协同保护美国免遭进一步攻击的想法并不合美国政府的心思。法国驻北约大使这样总结美国人的态度："嗯，美国人说：'谢谢。我们现在特别忙……稍后再打给你。'"乔治·布什总统对于纯粹的集体防御丝毫没有耐心；他所热衷的是报复。

对布什和他的主要顾问而言，发动全球反恐战争（Global War on Terrorism）就意味着主动出击。为了防止恐怖分子继续攻击美国国土，美国需要彻底铲除滋生恐怖主义的土壤。这

## 第 2 章　西方的失势

必然要求美国在必要的时候毫不迟疑地动用其全部军事力量。

2002年1月,小布什总统在国会做了一次令人难忘的演讲。他在演讲中警告他的听众时间不在我们这边。就在几个月之前,注定要成为美国历史上最长战争的阿富汗战争已经开打。但是,在总统眼里,阿富汗战争只能算是个小插曲。他已将目光投向了更大的猎物并迫不及待地想采取行动。"当危险不断增加时,我不会坐以待毙,"布什补充道,"危难临近,我不会袖手旁观。美利坚合众国不会允许那些世界上最危险的政权用世界上最具杀伤力的武器威胁我们……历史已经吹响号角,让美国和它的盟友赶快行动起来。为自由而战既是我们的责任,也是我们的荣耀。"事已至此,美国人对敌人万万不会再心慈手软了。然而,布什心目中的盟友并没有被当成美国的伙伴而是被当成了美国的随从。

布什有意没有告诉国会他已经做了一个重大决定:如果不首先除掉美国的宿敌萨达姆·侯赛因,就不可能消除恐怖主义的根源。在白宫和五角大楼看来,巴格达的政权更迭就像"二战"期间的诺曼底登陆一样重要:这是一场为最终胜利铺平道路的战役。

一年后,自由伊拉克行动(Operation Iraqi Freedom)才启动。此前,无论在华盛顿还是美国盟国的首都,人们都在谈论

## 后秩序

这场即将到来的入侵。随后的辩论极具超现实色彩：布什总统心意已决，无论人们说些什么或者写些什么，支持或者反对，都丝毫不会影响最终结果。布什一定会做他认为应该做的事。即便如此，有关伊拉克的虚假辩论仍然表明，美国决策者看待西方的方式发生了改变。原来被视为资产的东西现在被当成了障碍。

有人紧紧呼应布什总统的号召，罗伯特·卡根便是其中颇具名望的一位。他也主张立刻采取行动，推翻萨达姆政权。2002年1月，他与威廉·克里斯托（William Kristol）合写了一篇文章。文章认为，"伊拉克的威胁是巨大的，而且随着时间的流逝，威胁会变得越来越大"。

归根结底，在今后几个月针对萨达姆·侯赛因政权所采取的行动将极大地影响我们的未来安全。事情还不止于此。能否将萨达姆·侯赛因赶下台还将塑造一个新兴的能够影响未来几十年的世界秩序。它要么是一个反映自由民主原则、有利于我们安全的秩序；要么是一个任由残忍的、武装到牙齿的暴君们绑架民主和国际安全的秩序。

在伊拉克的军事胜利能让整个阿拉伯世界与西方世界紧密结合并巩固美国的地区主导地位。"萨达姆·侯赛因政权被推翻后，美国将主导伊拉克重建并将其推向民主治理的道路，这

## 第 2 章 西方的失势

会对整个阿拉伯世界产生巨大的震撼。"卡根和克里斯托预测道,"除此之外,没有哪步棋更有利于我们打造一种能让我们的人民和我们的自由文明繁衍生息并枝繁叶茂的世界秩序。"

当时,卡根和克里斯托的言辞很好地概括了广泛流传于华盛顿的观点。奥萨马·本·拉登(Osama bin Laden)和 19 名劫机者将历史引向了一个关键时刻。消极应对只能招致更大的祸害。但如果能够抓住时机,果断实施军事打击将会给美国和全人类带来巨大的收益。在这种情况下,维护西方的团结已经不再是最优选项。依靠自身压倒性的军事优势,纵使单枪匹马,美国也完全有能力打造一种世界秩序,使自由文明安然无虞、蓬勃发展。

如果美国的欧洲盟友想加入进来,很好。如果不想加入,也没有关系。虽然也乐意接受由"意愿联盟"(另一个时髦的短语)提供的帮助,但美国仍准备单打独斗。

在好战分子占上风的华盛顿,美国单枪匹马对萨达姆政权开展毁灭性打击的想法似乎完全合理。自然,所有的附带收益也会尽归美国所有。英国首相托尼·布莱尔(Tony Blair)也曾有过质疑,但最终还是把它们压制了下来。他向布什总统保证,"无论如何,我都会支持你"。布莱尔的奴颜媚骨随后为他赢得了"布什的贵宾犬"的绰号。

# 后秩序

然而，在巴黎和柏林，质疑演变为反对。西方主要国家之间出现了一条巨大的裂痕。连公众都对它们之间的分歧了然于心。

2003年2月，法国外交部长多米尼克·德维尔潘（Dominique de Villepin）在联合国安理会发表演讲时呼吁各方保持耐心，坚称目前尚没有动武的理由。

除战争之外，还有另外一种选择：通过核查解除伊拉克的武装。此外，过早诉诸军事手段将面临大量风险……这样的干预行动会对这片伤痕累累、脆弱不堪的地区造成不可估量的后果。它将加重人们心中的不公正感，加剧紧张局势，并有可能引发其他冲突。

在德国，由总理格哈德·施罗德（Gerhard Schroeder）和外交部长约施卡·菲舍尔（Joschka Fischer）领导的红绿联合政府同样拒绝支持发动一场针对伊拉克的预防性战争。施罗德说，"德国在国际反恐战争中会毫不犹豫地维护国际团结"。"我们也同样自信地说：我们不会去冒任何风险，支票外交（Cheque Book Diplomacy）的时代已经一去不复返了。"最后这句话说的是在1991年的海湾战争中，德国虽说没有派兵参战，但向美国提供了资金。这一次，如果美国执意开战，德国既不会参加也不会付钱。

美国的两个传统盟友都表态不支持美国入侵伊拉克。对此，那些热衷于此的美国人深表不满。众议院的鹰派议员甚至指示众议院的自助餐厅将法式炸薯条（French fries）改为自由薯条（Freedom Fries），将法式吐司（French toast）改为自由吐司（Freedom Toast）。在那些狂热好战的美国人眼里，法国的暧昧态度再次证明它的确是一个属于"吃奶酪的投降猴子"（cheese-eating surrender monkeys）的国度。

在这种小事背后却是华盛顿好战分子越来越坚定的一种想法，即法国和德国已不再重要。正如时任国防部长唐纳德·拉姆斯菲尔德（Donald Rumsfeld）所讲，它们是旧欧洲的一部分。布什政府毫不遮掩对旧欧洲的蔑视。对于美国而言，在一场肯定会给萨达姆政权带来毁灭性打击的战争之前，盟友已经不再是美国的必需品，它们早已沦为美国的便利性工具，西方团结也已成为多余之物。

## 无法修复

事实证明，法国和德国很有先见之明。自由伊拉克行动没有达到战争策划者和鼓吹者预想的效果。相反，伊拉克战争是

## 后秩序

美国自越战以来代价最大的一次外交失误。为其背书的布莱尔也搭上了自己的声誉和职业生涯。

这场灾难开始后,美国发起了一场"打捞行动"。它从已不成形的"西方尸身"上取来一些零碎的东西。经过巧妙的组合,这些零碎之物也倒还有些"伙伴关系"的模样。它就是伊拉克多国部队(Multi-National Force—Iraq)。在2003年至2009年期间,这支由29个国家组成的联军执行了一系列与安全和培训援助有关的任务。为了避免有人质疑美国的领导地位,在那期间,伊拉克多国部队一直处在一位美军战区高级军官的指挥之下,该军官始终是美国的陆军四星上将。

虽然驻伊多国部队并非以作战为主,但它也确实遭受了一些损失。这些损失可以用来大致衡量它对战争的贡献。英国共计战死179人,位居榜首。其次是意大利和波兰,分别战死33人和23人。只有另外3个参战国的人员损失达到了两位数,但也没有超过20人。5个国家的特遣队只损失了一位士兵。另外四支部队损失了2名士兵。相比之下,美国在伊拉克战场共阵亡4486人。换句话说,重担落在了美国人肩上。

私人承包商可比驻伊多国部队重要得多,在巴格达陷落之后,它们就像蝗虫一样飞临这片饱受纷争的土地。这才是真正的意愿联盟:因为有利可图,数十家公司迫不及待地伸出了援助之手。截至2009年，为了弥补正规部队的不足，大约50家承包商总计雇用了3万多人的雇佣兵。这支承包商大军超过了除美英以外的任何一支部队的人数。实际上，黑水（Blackwater）和三重树冠（Triple Canopy）等准雇佣兵组织已经取代了所谓的西方，它们对生意的关注远远胜过遵守战争法或促进民主价值观。

与此同时，人们在阿富汗也看到了类似的情况。北约作为西方最重要的历史遗留机构（Legacy Institution）并没有忘记此地，其成员国出资组建了国际安全援助部队（International Security Assistance Force），即阿富汗版的多国部队。数十个国家参与其中，其联盟规模之大令人震撼。可现实远非这么简单。

全球反恐战争之初，美国国防部长唐纳德·拉姆斯菲尔德就宣称，"使命决定联盟，决不能让联盟决定使命"。由此看来，拉姆斯菲尔德的天真有如他的信心一样从一开始就爆了棚。就国际安全援助部队而言，它始终受国内政治的支配，联盟使命也会因其而做出改变。

国际安全援助部队自上至下弥漫着这样一种精神：人人为我，我为人人（但附带条件）。这些条件就是盟国政府施加在本国军队上的各种约束：部队能够（或者不能够）开展哪些行

# 后秩序

动、部队能去（或者不能去）哪里、部队应该遵守哪些交战原则。过于严厉的限制甚至为某些国家的军队赢得了"军需消耗者"的嘲讽称号：他们占用空间，耗费资源，却在击败塔利班的过程中发挥着可有可无的作用。指挥官们手上的非正式的红牌还授权他们告诉国际安全援助部队总部：在我们的政府点头之前，我们不能那样做，而且向国内请示也不会立刻得到回复。

在任何联盟内部，在任何战争中，都必然会有摩擦。回想一下，德怀特·戴维·艾森豪威尔（Dwight D. Eisenhower）在担任欧洲盟军最高指挥官时就不得不忍受令人讨厌的英国陆军元帅伯纳德·劳·蒙哥马利（Bernard Law Montgomery）的不断纠缠。

然而，事情还是有区别的。无论艾克（Ike）和蒙蒂（Monty）多么不喜欢对方，他们还是联手干完了工作。驻伊多国部队和国际安全援助部队就不一样了。驻伊多国部队花费数年时间试图打造一支有战斗力的伊拉克安全部队。2014年，极端组织伊斯兰国（ISIS）武装分子涌入伊拉克北部地区，伊拉克安全部队却闻风丧胆，不战而逃。为了将塔利班的威胁降到最低，驻扎在阿富汗的国际安全援助部队同样花费数年时间帮助阿富汗政府建立国防军和警察部队。可差不多20年过去了，这一目标仍遥遥无期。

"9·11"事件之后，在急于开战的美国决策者眼里，西方已经变成一种障碍。跨大西洋团结曾经一直被视为美欧共同安全的基石。乔治·布什不顾盟国反对，坚持入侵伊拉克的做法等于将这一理念付之一炬。即便战争偏离了预期的轨道，美国也拿不出好的办法重塑另一个版本的西方。类似的情况也出现在了阿富汗。

当然，只要利益契合，旧西方的各成员就能保持合作。一个号称"五眼"（Five Eyes）的专门从事信号情报（signals intelligence）搜集的联盟就堪称这方面的典范。这个联盟甚至可以追溯到"二战"时期，由美国、英国、加拿大、澳大利亚、新西兰5个说英语的国家组成。然而，这种关系与石油公司联合起来阻挠环保立法有些类似。交易上的合作并不意味着团结。

现在，如果说那个曾经与纳粹作战并试图遏制共产主义的西方仍然存在的话，它的存在也只是一种说辞罢了。掩耳盗铃式的自欺欺人对我们毫无裨益。

后秩序

# 既非西方也非东方

我们这代美国人在学初中历史时都知道美国被比作当代神圣罗马帝国（Holy Roman Empire）。虽说伏尔泰（Voltaire）曾讲过，神圣罗马帝国在历经变故，元气大伤之后变得"既不神圣，也不罗马，更失去了帝国的样子"，但它仍保留了一副巨大的躯壳。伏尔泰的话同样可以用到西方身上：即便政客和记者仍时不时提到"西方"这个词，但把大家团结在一起的恐惧和期望已失去了原有的凝聚力。

21世纪的西方像极了18世纪的神圣罗马帝国，其存在早已成为一个传奇。在约翰·福特（John Ford）执导的电影《双虎屠龙》（*The Man Who Shot Liberty Valance*）的最后，一位愤世嫉俗的报社记者宣称，"传奇一旦褪色，就得加大宣传"。拜登还是总统候选人的时候就应允，他当选后一定会"举办全球民主峰会以重塑自由世界的精神和共同目标"。他的做法与那位记者的建议不谋而合。虽说这样做有助于提高报纸的销量，但并不是一个治国理政的好办法。

## 第 2 章　西方的失势

现在，美国发现自己身处一个特定的时代：无论提及西方或自由世界还是提及由克里斯托和卡根所创的说法"我们的自由文明"都无法令其受益。曾经团结一致的西方仍在继续分裂。一心想要"单飞"的英国已经退出了欧洲联盟。苏格兰脱离联合王国的概率也在逐渐增加。在欧洲大陆，波兰和匈牙利正在追随的绝不是自由主义道路。虽说为了将土耳其纳入西方世界，欧盟也曾谈及其加入欧盟的可能性，但这种可能性在几年前就已烟消云散。

与此同时，在东亚，中国已经和平崛起。

中国发起"一带一路"倡议（Belt and Road Initiative），旨在改善近70个欠发达国家的基础设施——港口、铁路、公路、机场、电站以及通信网络——投资总额预计将超过一万亿美元。一些欧洲国家也签署了该倡议。

如果"一带一路"倡议能够取得成功——当然，谁也没有十足把握——它将极大地提升中国的全球影响力。中国提供的只是资金援助和工程技术，并没有输出自己的生活方式。就此看来，"一带一路"倡议所产生的地缘政治意义只是附带性的。

由此，我们想知道美国在大动荡之后会面临一个什么样的世界。首先，它仍将是一个由民族国家组成的世界，每个国家都将自身的发展和福祉置于至高无上的位置。唐纳德·特朗普

# 后秩序

在 2017 年的联合国大会上当着各国领导人的面讲了一句大实话。他当时说道，他将始终将美国放在首位，正如你们——各国的领导人——也会而且应该将自己的国家置于首位一样。2020 年出现的新冠疫情就证明了这一点。在疫情面前，各国政府首先想到的是保护自己的国民，只有在心有余力的时候才去帮助其他国家。

但这并不能说明国家和国家之间不能开展合作。国家间的合作在很大程度上是针对特定问题展开的。而且，这种协作关系不是一成不变的，它应该体现各国政府对跨国事务的具体关切，不应该建立在意识形态或者（像亨廷顿所说的）文明之上。在那样一个世界里，美国也能在亚洲、非洲或者拉丁美洲找到伙伴，正如它能在西方国家中找到伙伴一样。

但是，这种更加灵活的治国之策面临着一个巨大的阻碍，即美国外交传统的"白象工程"（The Great White Elephant）：北大西洋公约组织（The North Atlantic Treaty Organization）。随着苏维埃帝国和苏联已成为历史，当年创立北约的先决条件已不复存在。在 1949 年的时候，西欧各国羸弱不堪，整个区域仍处在分裂状态。到了华盛顿政客极为热衷的 20 世纪 90 年代初期，整个西欧已变成一个"融为一体的自由世界"。

北约就像具有顽强生命力的外交界的葛根一样不仅在自己

## 第 2 章　西方的失势

的对手消亡之后存活了下来，而且日益壮大，不断东扩。由此，一直奉行"集体安全"（Collective Security）的美国所担负的义务和责任也变得越来越大。现今，华盛顿发现自己不得不花大力气保护那些完全有自主防御能力的欧洲国家。

从概念上讲，集体安全是指若干国家通过分担责任和义务共同应对威胁的制度安排。可是，在北约执行集体安全政策的过程中，这一概念的内涵却发生了很大的变化。在集体的名义之下，美国的欧洲盟友将自己本应承担的用来确保欧洲人每天都能安然入睡的成本部分转嫁到美国人身上。在这种情况之下，安全的定义变得极为狭隘，除了应对直接的军事威胁以外再无其他。

20 世纪 50 年代，美国及其盟友担心以苏联为首的华约组织染指西欧。在这种情况下，上述维护集体安全的做法兴许还有一定的道理。事到如今，欧洲安全所面临的威胁变得更加多元且很难用军事手段解决——部署在边境地区的装甲车不能阻止非法移民的登陆也不能放慢气候变化的脚步——这种做法已经变得毫无意义。曾几何时，防卫欧洲安全是美国的首要任务。现在，这种事情最好交给欧洲人自己去做。北约俨然已经成为一种怀旧的游戏，一种假设过去仍然存在的借口。

实际上，美国有十足的战略性理由退出北约。美国政策的

# 后秩序

最终目标是，应该是加快建立一个由守法国家组成的世界共同体。即使无法实现永久和平，这些国家在共同体内最起码可以和平共处。现今的欧洲已经证明这是一条可以走通的路。美国从1941年12月开始参与欧洲战争并取得了最终的胜利。因此，美国应该抓住机会宣称"大功告成"（Mission Accomplished）并将重心转向更为紧迫的事项上。

在20世纪的绝大部分时间里，世界政治围绕着自由主义（Liberalism）和集权主义（Totalitarianism）的冲突、白人和非白人的冲突以及帝国主义和民族解放的冲突展开。在21世纪，世界政治将最起码应该着眼于减少不平等、抑制军事狂热以及避免自然界的彻底瓦解。

这样的环境需要新的国际领导方式。有效的领导不应强调威胁和威吓，它首先应在美国国内创建可以被他人视为榜样的示范区。如果美国有意愿领导下一个秩序，它就应该从改正自己的过失开始。

# 第 3 章

# 没有那么特别

## 第 3 章　没有那么特别

要想修补 2020 年美国大动荡所带来的伤害，美国必须重新设定自己在世界上的角色。为此，彻底去除仅残留在想象中对西方的怀旧情结，这是美国必不可少的第一步。但是，执迷于一个虚假的由西方国家组成的共同体只是决策者必须摆脱的其中一个幻象来源。重新定位一个近年来变得不再不可或缺的"不可或缺的国家"（Indispensable Nation）需要重新审视一些迄今为止从未被质疑过的美国与他国的关系。美国人认为他们与这些国家情投意合、亲密无间、目标一致。

当一个国家笃信自己与另一个国家有特殊情谊的时候必然会陷入自我欺骗的境地，从而忽视自己的利益。它也可能因此而受到操控。乔治·华盛顿总统在他的告别演讲中就曾警告说，对一个国家的热情依恋（Passionate Attachments）会助长共同利益的幻象，进而使美国深陷外国势力的阴谋诡计（The Insidious Wiles of Foreign Influence）之中。几个世纪以来的历史已经验证了华盛顿的远见卓识。

## 后秩序

从 19 世纪最初的几十年到 20 世纪中期，中美两国关系为人们提供了一个例子。它的借鉴意义并没有随着时间的流逝而降低。就美方而言，这种关系带有师生的辅导性质。中国是一个文明古国，但同时也亟须实现民族复兴和国家现代化。而在那个年代，现代化与西方、白人、基督教，尤其是西方同义。

在过去的百年历史中，中国饱受西方列强的各种凌辱。虽说美国也参与其中，但它故意展现一种与众不同的"仁慈"。美国没有宣称自己的势力范围，它奉行"门户开放"政策（"Open Door" Policy），标榜为所有人提供贸易和投资的均等机会。但要知道，美国口中的外交辞令并不代表它的真正意图。美国奉行"门户开放"政策的真正意图是使其在盘剥中国的过程中占得先机，同时摆出一副宽仁的姿态。美国的做法某种意义上可以被视为反殖民帝国主义（anti-colonial imperialism）的典范，这种反殖民帝国主义在整个 20 世纪都是美国国家政策的一个重要标志。

与"门户开放"政策相辅相成的是一项大规模的教育和道德提升计划。成千上万的美国传教士在中国创办学校，试图将现代化的核心要义传授给中国人。因此，对于美国人而言，传说中的"中国市场"结合了商业机会和道德义务。这是一件诱

## 第 3 章 没有那么特别

人且能实现自我满足的事情。当然，这么做的最终意义与其说是提升中国的现代化水平不如说是美国试图在中国获取更大的战略优势。

"中国人缺乏的不是智力，"美国传教士明恩溥（Arthur Henderson Smith，阿瑟·亨德森·史密斯）在他 1890 年写成的颇具影响力的著作《中国人的性格》（*Chinese Characteristics*）一书中写道，"中国人缺乏的不是耐心、务实和开朗的性格。在这些方面，他们表现得非常出色。

改变中国人的信仰，将他们皈依为基督徒不仅仅是为了赢得他们的灵魂。"那些认识到道德和精神力量会最终统治这个世界的人，"史密斯在随后一卷中写道，"将越来越感到西方只有帮助中国奠定东方基督教文明（Oriental Christian civilization）的基石才能部分弥补其对古老东方的长期亏欠。"支持创立东方基督教文明的国家将不可避免地积累巨大的影响力。或者如史密斯本人所说，"为基督耶稣夺取这个种族意味着早日征服整个世界"。因此，从传教士的角度来看，行善事也会给美国这个新兴世界强国带来美好的前景。

美国人坚信中美两国人民冥冥之中彼此相通，这又为上述所说的一切赋予了合理性和可信度。虽说这种信念只是一种直觉，从未经受实践的检验，但它仍在美国社会中引起了广泛的

## 后秩序

共鸣。没有谁能比赛珍珠（Pearl Buck）更执着地宣扬这种中美两国统一互联的想法。赛珍珠以她的长篇小说《大地》（*The Good Earth*）和其他畅销小说而闻名于世。在1938年接受诺贝尔文学奖时，她这样说道："我生在美国，长在中国。这两个国家的思想在很多方面是相似的。最重要的一点是，我们都热爱自由。"这是一种精致的美国情感。

美国人所认为的与中国的特殊关系从表面上看来自共同的自由主义使命。这种特殊关系在"二战"期间达到了顶峰，当时两国因为抗日而成为盟友。富兰克林·罗斯福（Franklin Roosevelt）总统本人也肯定了这种特殊关系。1943年11月，罗斯福在开罗会晤了中国国民党领导人蒋介石。他随后在广播中大加赞扬这位被视为中国化身的总司令，说他是一个"远见卓识、勇气非凡、理解力超群的人"。罗斯福向自己的国民保证，"我们和中国比以往任何时候都更紧密地站在一起，两国友谊深厚，目标一致"。

很显然，这套宣传词是说给美国国内人听的。和所有的宣传一样，它充满谎言，似是而非。实际上，无论战前还是战中，在中国享有优待的美国人经常滥用自己的特权地位。"二战"期间，美国加大了在中国的军事存在。但是，这种军事存在并没有增进相互理解，反而产生了相反的效果——美国大兵对中

## 第3章　没有那么特别

国军人充满蔑视、与美军接触过的中国人也义愤填膺并开始疏远美国人。

令人感到奇怪的是，即便在今天，中美特殊关系的神话仍然存在。就在2018年美国副总统迈克·彭斯还在大谈特谈"美国和中国本着开放和友谊的精神彼此靠拢"的时期。

> 当初，我们年轻的国家在找寻新的出口市场时，中国人民就展现出了对美国商人的欢迎。当中国在其所谓的"百年屈辱"中饱受欺凌和盘剥时，美国拒绝加入列强的队伍。当美国传教士将《福音》(good news)带上中国海岸时，他们被这个古老但充满活力的民族的丰富文化所感动。他们不仅传播信仰，还建立了一些中国最好和最好的大学。"二战"爆发后，我们两个国家又携手抵抗帝国主义。

彭斯对历史的解读不仅滑稽而且具有很大的误导性。但它同时也说明了很多问题。它巧妙地回顾了一些美国官员、知名记者和众多美国民众在"二战"结束后所膜拜的幻想。众所周知，"二战"结束后不久，中国开辟了自己的道路，不再当美国学生的事实令美国人感到费解。这种被唾弃甚至被背叛的感

后秩序

觉完全来自"美国制造"的幻想。这是一个因"特殊关系"直接导致自我欺骗的典型案例。

## 统治吧，不列颠尼亚

现今，类似的幻想也影响了美国与另外两个国家的关系。1962 年，美国总统约翰·肯尼迪（John F. Kennedy）对以色列外交部长果尔达·梅厄（Golda Meir）说，"美国与以色列在中东地区有着特殊的关系，这种特殊关系堪比在诸多世界事务中的美英关系"。在赋予以色列和英国这种特殊地位时，肯尼迪只是确认了一个被广泛接受且没有太大争议的假设。

大约 60 年后，以色列和英国在美国的外交矩阵中仍占据特殊的位置。然而，美国与以色列以及英国的关系暴露了同样一个问题，即表面上的特殊关系扭曲了美国的政策，使其不能更好地为美国的利益服务。这种状况不仅仅在 2020 年大动荡之前如此，而且一直延续至今。实际上，早就应该重新评估英美和以美关系了。

美国和英国的特殊关系可以追溯到"二战"期间。当时，

## 第 3 章　没有那么特别

美国总统、英国首相和苏联领导人建立起了伙伴关系并联手摧毁了阿道夫·希特勒的纳粹政权。

约瑟夫·斯大林（Josef Stalin）痛恨希特勒，他与德国作战的主要目的是保卫布尔什维克革命的胜利果实并扩大苏联的势力范围。温斯顿·丘吉尔（Winston Churchill）痛恨希特勒，他与德国作战的主要目的是维系大英帝国，使其不从世界大国的第一梯队中跌落下来。富兰克林·罗斯福同样也痛恨希特勒，他与德国作战的主要目的是结束国内的大萧条，把美国打造成地球上最重要的并在全世界推广美国生活方式的国家。也就是说，这个大联盟的建立源自各方对权力和野心的讨价还价而非共同的价值观。不用仔细研究，你也能知道英美关系也是如此。

"二战"之前，英美两国的关系可不那么亲密。美英两国在历史上曾经发生过两次战争。美国内战期间，英国政府贸然支持南部邦联，惹恼了美国政府。1917 年，美国正式向德国宣战，姗姗来迟地与英国站在了一起。即便如此，美国也只是英国的伙伴国（Associated Power）而非正式的盟友。令人失望的战争结果使很多美国人认为自己被骗了：大战最终没有给这个世界带来安全与和平，它完全服务于"背信弃义的阿尔比恩"[①] 的帝国野心。虽然不那么精准，但这个结论大体上还是正确的。

---

① 阿尔比恩（Albion）是英国最古老的名字。

## 后秩序

"二战"和随后的冷战促使绝大多数美国人让过去的事情成为过去。随着战后大英帝国的瓦解，他们逐渐形成一种新的理念，即英国和美国不仅支持同一套价值观念而且正在肩并肩为同一个事业而奋斗。

只要英国还能派出一支体面的军队——也就是俗话所说的四两拨千斤的军队——美国就能从这种特殊关系中获得一些实质性好处。举例而言，在朝鲜战争中，一支由9万多人组成的颇具战斗力的英国军队就交由美国指挥。然而，自20世纪50年代开始，历届英国政府为了节省开支，大幅削减英国陆军、皇家海军和皇家空军的兵力。现在，英国的军事机构由13.2万名现役军人组成，而英国的总人口则为6600万。相比之下，以色列国防军（Israel Defense Forces）的现役人员要比英国多出三分之一，而以色列的人口却只有840万。从军事上讲，英国已不可能再呼风唤雨。与21世纪其他欧洲国家的军队一样，英军只能算是一个轻量级选手，偶尔表现出一点活力，但已经丧失了重拳出击的能力。

既然这样，为什么英美两国的特殊关系仍能存续下来？虽说长期的情报共享机制在这种特殊关系中依然发挥着某种作用，但更重要的因素却是怀旧、流行文化以及美国人对英国王室莫名其妙的迷恋。以上的这些表述最终都会成为过眼烟云，

## 第 3 章 没有那么特别

但它们却相互关联、彼此强化。从根本上讲，它们当中没有一个能比传说中的"一桶温热的口水"更有价值。

这种怀旧情绪在对温斯顿·丘吉尔的准崇拜中表现得最为突出。要知道，丘吉尔已经去世半个多世纪了。即便这样，美国人对丘吉尔似乎总有一种无法满足的渴求。单单在过去的 20 年里，他就接二连三地成为票房奇迹。这其中就包括 4 部电影和 1 部电视制作，它们毫无例外地以英雄般的笔触纪念丘吉尔的部分生平。

有一件事即便算不上特别奇怪，但也非常令人关注。在挑选榜样时，美国近几任总统更喜欢丘吉尔，而不是他们同时代的美国人，如罗斯福、哈里·杜鲁门和德怀特·艾森豪威尔。几十年来，他们一直把丘吉尔的半身像置于距自己咫尺之遥的白宫西翼，将其视为护身符并以此证明自己有着斗牛犬般的勇气和意志。在美国政治中，将自己包裹在旧日荣光中或紧紧拥抱丘吉尔总不会出错。就在 2017 年 1 月总统就职典礼的当天，唐纳德·特朗普便将丘吉尔的半身像"请回"了椭圆形办公室，谎称他的前任冷落了这位英国首相。

美国人对英国流行文化产品的热爱也是维系这种特殊关系的重要因素。甲壳虫乐队（Beatles）和滚石乐队（Rolling Stones）的魅力能够经久不衰就是一个很好的例子。詹姆斯·

## 后秩序

邦德系列电影也是如此。该系列目前已经拍了 27 部,以后肯定还会拍更多。在邦德的每一次经典历险中都会出现 007 与中情局联手挫败邪恶计划的情形,中情局人员的形象虽说不那么光鲜,但也算庄重体面。这样的情节足以说明英美两国有着牢不可破的伙伴关系。

另外一个例子是《唐顿庄园》(*Downton Abbey*)。《唐顿庄园》是一部广受欢迎的公共电视连续剧,已经连续播出了 6 季(外加一部电影续集)。倘若它讲述的是一个富裕的德国、阿根廷或印度家庭及其仆人的传奇故事,美国人一定不会看。实际上,它是美国公共广播电视公司(Public Broadcasting System)播出的收视率最高的电视连续剧(也许是得益于剧中男主角娶了一位富有的美国女继承人)。在该剧第 6 季结束播出之后,为该剧专门制作的服装、帽子、珠宝、餐具以及其他各种物品在美国各大城市间巡回展出,每张门票售价 30 美元。

虽说《唐顿庄园》在美国的热映已经充分证明了美国人的亲英情感(American Anglophilia),然而它与美国民众对英国王室的痴迷相比根本不值一提。另外两部电视剧从细微之处着手,准确再现了维多利亚女王(Queen Victoria)和她的曾曾孙女伊丽莎白二世(Elizabeth II)的生活。戴安娜王妃在去世 30 年后仍能登上美国名人杂志的封面。此外,美国人一直热

## 第3章 没有那么特别

衷于打探任何与查尔斯（Charles）和卡米拉（Camilla）、威廉（William）和凯特（Kate）以及梅根（Meghan）和哈里（Harry）有关的消息，比如，他们在做什么，他们与谁不和，等等。

日本天皇和他的家人根本没有资格享受这种流行歌星般的待遇。沙特阿拉伯国王、科威特埃米尔、文莱苏丹、丹麦女王或者卢森堡大公也同样没有这样的资格。美国人对温莎王朝（House of Windsor）的喜爱是独一无二的。对于一个在1776年从英国独立出来的共和国的国民而言，这种做法不是一般的奇怪。

从某种意义上说，美国人对英国王室的迷恋很是单纯幼稚——它纯属另一种形式的名人崇拜，这种崇拜在21世纪的美国已经取代了对神的敬仰。然而，美国人对王室的痴迷在糅杂了与"二战"有关的怀旧情绪、对丘吉尔的狂热以及大量的英国文化舶来品之后大大助长了这种跨大西洋的亲缘关系，而这种感觉本来就是想象出来的。

以前，美国人也许还会把不列颠——或更准确地说，英格兰——视为自己的"母国"。面对乔治三世的子民，《独立宣言》就谈到了英美之间这种"同种同宗"的关系。但是，存在于1776年的这种关系早已不复存在。对于一个充满多元文化的美国来说，这种想法会抑制自我认知。它还会让美国

## 后秩序

站在错误的一边，在这个世界里，只有白人参加的俱乐部已经过时了。

唐宁街十号（10 Downing Street）有一个我行我素的鲍里斯·约翰逊（Boris Johnson），白宫里住着一个疯疯癫癫的唐纳德·特朗普。它提醒人们英国和美国各自都有自己的问题和优先事项。在特定节点上，两国的目标可能会有重合，但它们并不一致。即使在丘吉尔和罗斯福谎称对方是自己最好的朋友的时候也是如此。自然，在它们试图操纵对方的时候更是如此。毋庸置疑，将来也会这样。

19世纪英国著名的政治家帕默斯顿勋爵（Lord Palmerston）有句名言：国家既没有永恒的朋友，也没有永恒的敌人，只有永恒的利益。若想有效治国，必须牢记这一点。2020年的大动荡应该促使美国的决策者再次重温帕默斯顿的告诫，特别是在双边关系方面，长久以来，情感因素已经取代了冷静的考量。

减少英美关系的特殊性是重新评估美国与其他国家关系的一个重要前提。这些国家对美国的安全和美国人民的福祉具有更直接的意义。仅举两个例子就能说明这一点。在理性评估美国外交政策的优先事项时，加拿大和墨西哥都应排在英国前面。无论怎么说，位于我们北边和南边的这两个近邻远比位于

# 第 3 章　没有那么特别

欧洲海岸的一组岛屿更加重要。发生在 2020 年的不幸事件应该早日促使美国人承认这一事实。

## 戒心重重

但凡参加重量级选举的美国政客都言必称以色列和美国心无芥蒂，这已成为一种惯例。在此基础上，以色列前驻美大使迈克尔·奥伦（Michael Oren）又增加了另外一条指导以美关系的原则：没有意外。实际上，自以色列 1948 年建国以来，两国之间一直芥蒂不断、意外连连。

例如，1956 年秋天，以色列与英国和法国勾结发兵入侵埃及，企图推翻埃及总统加麦尔·阿卜杜勒·纳赛尔（Gamal Abdel Nasser）。这一事件发生在美国总统选举的前几天，说它令美国总统感到猝不及防都是轻的：艾森豪威尔对此震怒不已。此外，以色列还千方百计对美国隐瞒其核武器计划。美国总统不断询问，以色列领导人则不断遮掩。1967 年 6 月，以色列对埃及军队进行了先发制人的打击。此次军事行动提前知会了美方，毫无意外可言。但出人意料的是，以色列竟从海上

后秩序

和空中两个方向突袭美国的"自由号"（USS Liberty），这令美国极为错愕。在此次袭击中，34名美国人死亡，171人受伤。尽管以色列政府将这次袭击说成一次悲惨的事故，但人们，以及那些幸存船员，并没有减少对此次事件的怀疑。

到了1981年，以色列空军飞行员驾驶美国制造的战斗轰炸机袭击并摧毁了巴格达附近正在建设的伊拉克核反应堆。但是，以色列并未将此次行动提前告知美国，再次违反了"没有意外"原则。作为回应，美国投票赞成联合国安理会谴责以色列的决议。第二年，由梅纳赫姆·贝京（Menachem Begin）任总理的以色列政府在入侵黎巴嫩问题上公然欺骗里根政府，谎称以色列只是想清除活跃在黎巴嫩南部某区的巴勒斯坦战士，而实际上它想在贝鲁特建立一个亲以色列的新秩序。此后不久，乔纳森·波拉德（Jonathan Pollard）案又暴露了以色列雇佣美国人——波拉德恰巧是一位犹太人——充当其间谍的行为。波拉德虽说背叛了自己的祖国，却被以色列人当成了英雄。如果只把波拉德案视为个案的话，人们就太过天真了。还有一件重要的事情可以说一说，以色列历届政府均无视美国政府对其在约旦河西岸建立定居点的反对。这种事实上的殖民政策使"两国方案"（two-state solution）的前景变得非常复杂，而历届美国政府（直到特朗普总统）都宣称支持这一方案。

## 第 3 章　没有那么特别

换言之，在安全方面，以色列政府根本不遵守"心无芥蒂""没有意外"等原则。从以色列的角度来看，处理以美关系的基本原则为第一要务和不作为的损害控制。第一要务意味着以色列政府毫无例外地将基本安全置于所有其他考虑之上。不作为的损害控制意味着即使可能违抗美国，也要适用第一个原则。

在一件事上，以色列确实背离了这些原则。这件事发生在1991年，当时由伊扎克·沙米尔（Yitzhak Shamir）任总理的以色列政府同意了美国政府的请求，不在伊拉克使用"飞毛腿"导弹（SCUD missiles）对特拉维夫（Tel Aviv）和海法（Haifa）进行大规模空袭时回击。不仅如此，以色列还同意美国在以色列部署爱国者导弹（Patriot missiles）为其提供保护。这次例外也验证了以色列的一条规矩：爱国者导弹不够有效，以色列随即在美国的资助下开始了一项应急计划（crash program）以部署自己的反导系统。在面对威胁时，以色列绝不可能再次处于被动。

以色列领导人一心一意保卫这个犹太国家的做法值得钦佩。虽说他们也有失算的时候，例如，鲁莽地入侵黎巴嫩，可他们从未忽视过真正重要的东西：以色列的安全和福祉。此外，虽然以色列从来都不吝惜武力——其国防军几乎一直在"割草"——但却极其珍惜士兵的生命。以色列并不通过其武装力量输出犹太复国主义（Zionism）或传播犹太价值观。与他们的美国同行不同，以色列决策者不会让自己的士兵为追求意识形态幻象而死。

实际上，以色列配合美国政策的意愿完全与这些政策在多大程度上符合以色列自身的需求成正比。一直以来，以色列人都有着毫不动摇的明确目标，这一点在华盛顿很少有人能做到。它使以美特殊关系明显向以色列倾斜。

1962年，以色列外交部长戈尔达·梅厄拜会了肯尼迪总统。她作为一个建国刚刚十几年的小国的高级官员恳请这个世界上最强大的国家为以色列提供帮助。为避免中东地区出现军备竞赛，肯尼迪总统的前任一直拒绝向以色列出售重型武器。随着肯尼迪入主椭圆形办公室，以色列政府希望扭转这一政策，打通美国武器供应渠道。以色列的努力没有白费，肯尼迪政府最终同意向以色列出售价值2500万美元的霍克防空导弹（Hawk Antiaircraft Missiles）。

肯尼迪总统做出这一决定在很大程度上是为了取悦犹太裔选民。但它的意义却远不止加强以色列防空能力这么简单。自那以后，武器交易就成了可以用来衡量以美两国特殊关系的具体方式。证明这些交易正当性的理由可以概括为确保以色列国防军（IDF）的品质优势。但就像平权运动（Affirmative Action）和政治正确一样，这也是一种委婉说法。品质优势的实际含义是美国承诺确保以色列对其所有的潜在对手拥有明显的军事优势。

美国历届政府和国会两党议员都一致认为，美国纳税人有义务永远保持以色列的军事优势。这种义务的具体表现是，美国现在每年向以色列提供 38 亿美元的直接援助以及数十亿美元的贷款担保。截至 2019 年，美国向以色列提供的未经通货膨胀调整的援助金额已达 1420 亿美元。美国还承诺在 2028 年之前再提供 330 亿美元的援助。虽说华盛顿以前向以色列提供了大量的经济援助，但现在的援助几乎都以安全援助的形式开展。安全援助是另一个委婉说法，翻译过来的意思是先进武器。

现在，以色列不再是一个年轻脆弱的国家或者欠发达国家——它目前的人均国内生产总值（GDP）和英国相当。以色列政府也不再是一个祈求者，它已经成为美国政府的（套用美国流行文化中的一种表述）互惠互利的朋友（friend with benefits）。除了以色列，世界上没有哪个国家从美国财政部拿过那么多钱，也没有哪个国家在美国国内政治中享有如此大的影响力。

今天，美国与以色列的关系堪称独特，因为美国政府的行

# 后秩序

政和立法部门都对这个犹太国家表现出特别的尊重。为了理解它对两国关系实践的重大意义，请对比一下以下事实：以色列在肯尼迪政府时期购买美国霍克防空导弹时使用的是美国提供的贷款，贷款期10年，利息3%。后来，美国直接资助以色列发展反导弹防御系统，截至2018年共支出超过60亿美元。虽说五角大楼（Pentagon）向以色列军火制造商拉斐尔公司购买铁穹（Iron Dome）反导系统的计划因技术问题而告吹，但美国官员仍愿意购买那些原本就是用美国纳税人的钱造出来的以色列军事硬件。这足以说明到底哪一方在美以关系中占据了上风。

如果你在这方面还有疑问的话，特朗普政府会彻底打消你的疑问。2018年，美国将其驻以色列大使馆从特拉维夫迁到耶路撒冷（Jerusalem），随后又推出了一项有悖于"两国方案"的"和平方案"。这两项举措令以色列政府大为高兴。当然，在这样做的过程中，特朗普甚至撕掉了美国作为巴以冲突可靠调停人的假面具。

不管特朗普的动机如何，他的行为确实产生了一种有用的结果。无论是迁移大使馆还是长期支持以色列阻挠巴勒斯坦建国的行为都符合以色列的利益，但没有办法证明特朗普的决定对美国有利。换句话说，这种特殊关系对以色列特别有用，对

## 第 3 章 没有那么特别

美国来说未必如此。

由于争议太大,特朗普也无意间开启了人们对曾被视为禁区的美以关系的质疑。正如英国已不再是 1940 年那个孤勇对抗希特勒的国家,同样,以色列也不再是那个 1948 年建国时羸弱、孤立的以色列。今天的以色列富裕且强大,不再弱小单薄,完全有能力抵抗那些在数量上已经大幅减少的敌人。正如一直在为和平奔波、两次担任美国驻以色列大使的马丁·英迪克(Martin Indyk)所言,今日的以色列完全有能力自己保护自己。此外,他还指出,"眼前这个装备有核武器的以色列完全有能力碾压伊朗,但伊朗可做不到这一点"。即便这样,也从来没有人站出来指责英迪克对以色列的福祉不够重视。

美国这样做到底有什么危害?美国坚持将与英国和以色列的关系归为特殊关系,这类似于在维持帝国的成本超出收益之后仍坚持帝国的自负一样。情感与怀旧会妨碍现实分析。推而广之,这些情感因素不仅会使关系伙伴出现误判,也会影响其他国家的判断。

举例而言,英国就希望利用英美特殊关系与美国达成对自己有利的贸易协定,这导致英国政府认为整个脱欧过程不会那么痛苦。实际上,在英国遇到麻烦时,美国不大可能再像 1941 年那样推出租借法案(Lend-Lease)来帮助英国。特殊关系已经到此为止了。

同样，以美特殊关系在某些方面造成了伊朗对以色列和美国构成共同威胁的印象。这与事实不符。但是，这种认知已经将美国捆绑在了与这个伊斯兰共和国对抗的轨道。它大大影响了华盛顿在波斯湾（Persian Gulf）的外交灵活度，迫使美国在与美国核心利益无关的争端中选边站。

提出这样的观点不是为了切断美国与英国或以色列的关系，而是使它们的关系正常化。美国与这两个国家的关系应该和美国与其他国家的关系类似。它们都与美国保有良好关系：大量的贸易、投资、旅游和良好祝愿。但在这些关系中没有特别的期望、特定的义务，更重要的是没有进一步的幻想。

# 第 4 章

# 奇怪的失败，美式风格

## 第4章 奇怪的失败，美式风格

在2020年大动荡前夕，美国陆军对伊拉克战争给出了自己权威的解释。这份称为《伊拉克战争中的美国陆军》（*The US Army in the Iraq War*）的报告分为两卷，共计1400多页。报告除文字外，还配有大量地图、图示以及一系列学术引用和校注。它将伊拉克战争视为过去的事，罔顾数千名美国大兵仍身处战区的事实。

报告的结论可能还不够成熟，但在呈现历史方面却没有一点含糊。它坦率地列出了各种影响战争进程的系统性失败。那些由高智商且经验丰富的领导人所做出的决定在当时看来似乎是合理的，但它们依然导致了战略性失败。整份报告语气严肃、事实突出，报告的结论既没有刻意掩盖事实也没有给出任何借口或道歉。

几乎没有美国人注意到这些严厉的判断。那些有关特朗普总统及其离奇任期的揭秘书籍反而广受媒体关注并获得大卖。但是，探讨颇具争议的战争类书籍却没有这么幸运，大多数美

## 后秩序

国人都倾向于忘记这些战争。没有什么人去评论美军自述的伊拉克经历。人们甚至认为，更没有什么人去读军方的报告。在国家安全圈里，它的影响小到令人无法察觉。

毫无疑问，有关阿富汗战争的官方报告也会迎来类似的命运。我们相信军方会在美国最终摆脱它所经历的史上最长战争之后的某一天发布这样一份报告。

作为美国的历史事件，发生在"9•11"事件之后的阿富汗和伊拉克战争似乎注定要淡出人们的记忆。它们就像被19世纪马戏团大亨 P. T. 巴纳姆（P. T. Barnum）当作神奇展品展示的连体婴儿一样：两个独立的个体融合在一起，掩盖了各自的独特之处。人们经常谈论"二战"期间美国对德和对日作战的相似性，实际上，阿富汗战争和伊拉克战争的共通之处并不比它们更大。两者同时发生并不意味着它们有实质性的关系。

阿富汗战争和伊拉克战争充满讽刺意味，它使人们理解这两场战争的真正含义变得不那么容易。下面，我们就说一说这件事。阿富汗战争和伊拉克战争分别发动于2001年和2003年，这两场"9•11"事件之后的美国最大军事行动被宣扬为雄心勃勃的全球反恐战争（Global War on Terrorism）的组成部分。实际上，这种说法只是表面文章。被称为全球反恐战争的行动只是用来掩饰美国建立新帝国主义大业（neo-imperial enterprise）

## 第4章 奇怪的失败，美式风格

的一个幌子，其隐藏的目的是使用武力平定和改造一大片阿拉伯世界。

无论表面文章和真实目的之间有多大的差距，这项事业的进展并不像它身处华盛顿的设计者预想的那么顺利。很快，阿富汗战争和伊拉克战争就走上了不同的发展轨迹。但每一个都有自己宏大的宣言、虚幻的曙光以及令人痛心的失望。多年来，伊拉克占据了华盛顿的主要精力和资源，阿富汗只能屈居第二。无论怎么说，两场战争进行得都不顺利。在这一过程中，全球反恐战争被毫不客气地分解为其组成部分。这个说法也逐渐不再被人使用。

即使如此，重新假定这两场不相关的战争构成了一项统一的事业也能揭示另一个关键的幻象，即2020年的大动荡应该促使那些认为美国世界无敌的人抛弃这种不切实际的想法。

在21世纪的前十年，世界上最杰出的一支军队——据估计，也是人类历史上最好的一支军队——两次针对明显弱于自己的对手发动战争。在战争之初，人们对胜利抱有很大的期望，而最终的战况却与失败无异。

后秩序

## 震撼与敬畏

严格从军事行动的角度看,为什么发起一场全球反恐战争似乎是一个好主意?又是什么赋予了这种主张合理性?

我们可以在美国人对现代军事史的深刻误读中找到答案。众所周知,美国在1991年对一个软弱无能的敌人发动了沙漠风暴行动(Operation Desert Storm)。在短暂的战斗之后,该行动被认为取得了具有世界历史意义的胜利。于是,在军事、政治和媒体圈内,一种新观念开始占据主导地位,即美国已经实现了对战争的绝对掌控。

追溯一个愚蠢想法的起源是一件非常具有挑战性的事情,最重要的原因是拥护这种想法的人会千方百计地掩盖它们的踪迹。在美国宪法第十八修正案宣布"酿造、出售或运送作为饮料之致醉酒类"为非法的一个世纪后,在美国的公共生活中很难再找到任何人愿意给禁酒令提供第二次机会。抑或考虑一下从20世纪70年代开始的臭名昭著的反毒品战争。这场反毒品战争使美国监狱塞满了棕色和黑色皮肤的少数族裔犯人,而美国人对于非

## 第4章 奇怪的失败，美式风格

法药物的强烈渴求丝毫没有受到影响。时至今日，几乎没有人再支持那场反毒品战争。

虽说拉弗曲线①在一些奇人异士中仍有一定的吸引力，正常人早已摒弃了这种疯狂的理论，即降低税率定能增加总税收。

同样的道理也适用于五角大楼在冷战后进行的雄心勃勃的军事改革计划。说它没有达到预期效果都是一种轻描淡写的说法。

这个被称为五角大楼《联合展望》的项目的既定目标是实现全方位主导，赋予美国武装力量新动能，使其在和平中有说服力，在战争中有决断力，在任何形式的冲突中都有卓越性。《联合展望》在1996年发布，并于2010年更新。它以丰富多彩的细节描述了未来武装冲突的预期特征以及能够使美国军队"在全方位军事行动中击败对手、控制局势"的体制变革。

因为充满大量专业术语和华丽辞藻，《联合展望》需要仔细解读。在表明需要进行彻底改革的同时，它也为那些需要维护自身利益的人提供了充分的保证。改革会尊重过去的遗产。改变不会带来痛苦。请放心：你的饭碗是安全的。

若美军在1940年也发表《联合展望》，那它肯定会大加赞

---

① 拉弗曲线描绘了政府的税收收入与税率之间的关系，当税率在一定限度以下时，提高税率能增加政府收入，但超过这一限度时，再提高税率反而导致税收收入减少。

## 后秩序

扬仍在美军名册上的骑兵部队并预测美军战舰可以服役很长时间。但停泊在珍珠港的美军战舰在第二年便被击沉并永沉海底。说完这些，我们可以用一句话概括《联合展望》应有的本质：先进的信息技术将决定未来发生在太阳系任何地方的、任何环境下的任何类型的战争结果。

"9•11"事件后，美国先后发动了阿富汗战争和伊拉克战争。当时，《联合展望》正处在落实执行过程中。攻入这两个国家的美军还不具备用来确保全方位主导地位的全部能力。但是，自上而下滋生的乌托邦式的愿景不可避免地影响了人们的预期。

像时任国防部长唐纳德•拉姆斯菲尔德这样的高级文职官员已经树立了一种看法。这种看法用一个对此持怀疑态度的人的话来说就是，一小支配备了最新技术装备的快速反应军队一夜间就可以击溃敌人。在阿富汗战争和伊拉克战争初期指挥作战的四星上将汤米•弗兰克斯（Tommy Franks）也秉承这一理念。2003年3月，美国开始实施自由伊拉克行动，弗兰克斯在向记者介绍情况时表现得就像一个兜售蛇油的小贩。他说，"这次行动将不同于历史上的任何一次战役。它是一次从未有过的大规模使用精确制导武器的行动。行动灵活且充满震撼和惊奇。战斗将在短期内结束，美军必将大获全胜"。弗兰克斯的说法就像承诺给任何不满意的客户提供退款保证一样。

## 第 4 章　奇怪的失败，美式风格

记者们很快使用一句宣传语来描述这种令人眼花缭乱的美国新战争方式：震撼与敬畏。

当然，事实证明，震撼与敬畏对战争的影响就像特朗普宣传用羟氯喹可以治疗新冠肺炎对 2020 年新冠大流行的影响一样：它是一场会毁掉无数无辜者生命的大骗局。美国在阿富汗和伊拉克的行动没有验证《联合展望》中有关信息技术会改变战争进程的预期，美军的实际战况与《联合展望》的描述截然不同。毋庸置疑，美国军队享有绝对的技术优势。但是技术并没有给美军带来胜利。五角大楼制定的《联合展望》没有经受住实践的考验。它失败了。

## 空战和陆战

为什么这个追求全球军事霸权的蓝图没有成功？部分原因是《联合展望》忽视了战争的政治层面。冷战之后，随着美国高科技独领风骚、力压群雄，五角大楼更多地将战争视为一项技术事业。从这个意义上说，美国军事决策者犯了一个重大的错误。他们假定美国的敌人会任由美国在自己面前展现它的强项。

# 后秋序

美国在"9·11"事件之后的军事行动发生在两个不同的领域。这两个领域并非指中亚和波斯湾，它们是天空和地面。在空中，美国空军开展了某种近似于"联合展望"的行动，取得了令人印象深刻但又无关紧要的成绩。地面战则是另外一种场景：虽说美国陆军士兵和海军陆战队员作战英勇，但他们总无法取胜。令他们感到困惑不解的是美国政治的复杂性。

自2001年全球反恐战争开始以来，美军的空中行动充分展现了美国战斗飞行员高超的飞行技巧和可贵的职业精神。据不完全统计，"9·11"事件以后，空军、海军和海军陆战队不仅出动了数百万架次的军机，而且空中打击的精度也令人叹为观止。前几代飞行员在精准轰炸的幌子之下往往能炸平一座座城市。虽然在全球反恐战争中也会出现重大失误，但一般而言，炸弹都能击中预定目标。空中军事行动的附带损害已不常见。除了在非常低的高度，美军在阿富汗和伊拉克拥有无可争议的制空权。

行动自由直接转化为非同寻常的工作量。例如，仅在2007至2019年间，为了支持美军在阿富汗的作战行动，空军机组人员总共完成了超过21.5万次的打击任务。这个数字还不包括情报、监视、侦察和后勤任务。2008至2011年间，为了配合自由伊拉克行动，空军共提供了38,000多次近距空中支援。2014

## 第 4 章　奇怪的失败，美式风格

至 2019 年间，自由伊拉克行动之后的新曙光行动（Operation New Dawn）又令美国空军在伊拉克实施了 92,000 次打击任务。令人称奇的是，在这种活动水平下，自 2003 年春天以来，美军竟然没有被敌人击落过一架固定翼军用飞机。

然而，作为一个能够决定战争结果的关键因素，这些漂亮的数字有些像美国总统选举中的普选票数：值得关注，但最终没有太大意义。

在论及美国新的战争方式时，五角大楼的《联合展望》创造了一系列新术语。例如，主导性战争空间意识、非对称影响力、全方位保护以及总资产和在途能见度。但这些晦涩的术语从来没有完成从幻灯片到实践操作的转变。

发生在阿富汗和伊拉克的地面作战产生了一系列完全不同的词汇。这些词汇使美国人对永恒的战争现实有了新的认识。经常被用到的术语包括：简易爆炸装置（IED）、创伤性脑损伤（TBI）和创伤后应激障碍（PTSD）。一个擅长埋设简易爆炸装置的敌人会使毫无防备的美国大兵受到伤害或丢掉性命。其中的一个结果就是创伤性脑损伤激增，它是导致创伤后应激障碍流行的因素之一。五角大楼的《联合展望》既没有预见到这些状况也没有预见到其他的意外状况。当然，在这种情况下，五角大楼不可能做好准备工作。

## 后秩序

在战场之上,美国的空军、海军和海军陆战队的高性能战机和无人机可以几乎不受限制地执行任务。在地面上,虽说拥有先进的武器和装备,美国大兵却很少能占到便宜。美国部队做不到进退有序,这与《联合展望》的设想相去甚远。实际上,发生在阿富汗和伊拉克的战事充满混乱和困惑,这与前几代美军在20世纪之初追击反叛的菲律宾民族主义者或在20世纪60年代与越南游击队作战时遇到的混乱局面没有多大区别。在某种程度上,所有肮脏的战争都是相似的。

阿富汗战争和伊拉克战争夺走了6000多名美国士兵的性命,同时给他们数以万计的战友留下了严重的身体和心理创伤。发生在这两个国家的地面战斗彻底撕毁了《联合展望》的乌托邦式伪装。与此同时,还有一个绝大多数美国人转瞬即忘的事实:美国在"9•11"事件之后发动的军事干预致使数十万人平民死亡、几百万人流离失所。和平、民主以及对人权的尊重并没有因此而蓬勃发展。

轻松并快速取胜的愿望最终落空。很久之后,继任指挥官们才不得不降低他们对战场的预期。汤米•弗兰克斯将军保证美国将大获全胜的豪言壮语也已随风而去。由此,对于他们正在处理的问题"没有军事解决方案"的说法成了一种受欢迎的解释。这很像Meta脸书首席执行官马克•扎克伯格(Mark

Zuckerberg）所说的社交媒体最终可能不是一个好主意的观点。要知道，自20世纪90年代以来，作为唯一的超级大国，美国在制定国家安全政策时坚信军事力量可以解决任何对美国主宰下的国际秩序构成威胁的问题。

军事力量是维持美国全球主导地位的关键。在冷战后的华盛顿，这已经成为美国高层所奉行的圭臬，尤其是在联名签署《联合展望》的军方高级将领当中。由此说来，推翻美国决策者认为的不可接受的遥远政权并培植更好的势力——或至少是更符合美国情感的势力——将推进这一首要的政治目标。标榜这一特权将证明美国的卓越地位。

阿富汗和伊拉克战场的实际情况打碎了这种期望。

## 继续前行

美国军方编撰的有关伊拉克战争的官方资料列举了一长串导致战略失败的错误和误判。军方毫不避讳地承认美国缺乏足够的地面部队来安定伊拉克，更不用说建立一个新的政治秩序了。美国在伊拉克的兵力有一个实际上限，这导致了地面部队的绝对短缺。未来有关阿富汗战争的历史描述也必将持这样的看法。历史上美国人倾向于认为技术或作战的质量优势能取代军队的数量，《联合展望》的核心倾向带来了致命的后果。至少，军队自己的历史专家是这样认为的。

这种战争太多、士兵太少的问题不是上天的诅咒。它根源于美国的军事体制，这种体制在所谓的志愿兵役制（All Volunteer Force, AVF）中得到了充分体现。作为一个总人口接近3.3亿的富裕国家，美国如果愿意，它可以在地面上部署一支比在阿富汗和伊拉克大得多的部队。它没有这么做的原因是政治选择。（军队的历史往往暗示人们，"地面上的靴子"越多就越容易产生有利的结果，但这种观点很有问题。外国占领军在阿富汗和伊拉克的存在引发了当地的暴力抵抗。增派军队很可能产生火上浇油的效果。）

美国选择维持一支地球上最强大的军事力量而且坚信这样做势在必行。根据这一目标，它必须投入大量军事经费，费用之大远超其对手相加的总和。然而，它也选择免除公民参与执行国家安全政策的义务，而让数量相对较少的专业人员承担这一责任。选择是共同的主题。

志愿兵役制创立于越南战争快结束的时候。自那以后，它就成为美国生活的一个永久特征。与社会保障（Social

## 第 4 章 奇怪的失败，美式风格

Security）和医疗保险（Medicare）一样，它被美国公民和民选官员默认为一种神圣不可侵犯的制度安排。然而，正如阿富汗战争和伊拉克战争所表明的那样，志愿兵役制已不能服务于美国的全球野心。即便如此，越战之后一直实行的志愿兵役制仍像宪法条款一样高高在上，没有改变。

因此，战争太多、士兵太少的问题一直得不到认真审视。对于技术可以弥合这一差距的期望使人们不再探讨那些最根本的问题：美国是否有足够的力量迫使它的对手承认其为历史上不可或缺的国家并尊重它的看法？如果答案是否定的，正如发生在"9·11"事件之后的阿富汗战争和伊拉克战争所表明的那样，华盛顿相对缓和一下它的野心难道没有意义吗？

五角大楼的大战略是确保美国的永久全球霸权。在这样一个国家安全机构中，上述问题简直就是一个魔咒。五角大楼更倾向于认为以后的战争会比以前的战争打得更好。

因此，2020年中，军方领导人在美国民众被其他一系列紧迫问题分散精力的时候自行制定了新的展望。新展望旨在将美军在阿富汗和伊拉克的不愉快经历抛到脑后。仔细研究之后，人们发现这些新展望与当初促成《联合展望》的思维有一定的相似之处。从本质上讲，对军事优势的追求又开始了。

重要的是，再次寻求军事优势的努力压根没有为人们思考

# 后秩序

近期所经历的挫折与失败留下任何余地。实际上，军方领导人选择重新包装和标记《联合展望》。这一展望在"9·11"事件之后的表现令人大失所望。他们花大力气打造更令人满意的战争理论，而那些在过去 20 年里令美国军队深陷其中的战争则被人为忽视。

因此，在 2020 年 3 月，美国海军陆战队司令（Commandant of the Marine Corps）发表了他的改革蓝图"兵力设计 2030"（Force Design 2030）。该文件以"我们的主要关注已转向大国竞争并再次关注印太地区"为前提。但它并没有提及任何陆战队在阿富汗或伊拉克的经验教训。"联合展望"的技术乌托邦主义依然存在，在这种精神的指引下，美国海军陆战队致力于"在所有层级打造多轴、多领域的精准火力，并通过网络将其连接为一个整体"。这样做就等于恢复了美国军方在冷战后用胡言乱语代替基础分析的传统。

同年 10 月，美国海军发布了名为"战力 2045"（Battle Force 2045）的海军发展蓝图。该蓝图计划在未来 25 年间让美国海军成为一支拥有 500 艘战舰的海军。时任美国国防部长马克·埃斯珀（Mark Esper）承诺说，届时美国将拥有一支比我们多年来看到的海军更大、更具杀伤力、生存力、适应力、持续力和现代化的海军。为了强调"战力 2045"的历史严肃性，埃斯珀部长还提到了 19 世纪的海军理论家阿尔弗雷德·赛耶·马汉（Alfred Thayer Mahan）。但同样，在"战力 2045"中前 20 年的战时经验未被提及。

美国陆军则推出了名为"陆军 2028"（Army of 2028）的规划，规划说美国陆军准备在"任何地点、任何时间通过部署、作战取得针对任何敌人的重大胜利"。访问相关网页想了解具体情况的人在这个规划中找不到任何有关阿富汗战争和伊拉克战争的资料。要知道，多年来这两场战争耗费了美国陆军相当多的精力和注意力，但战争的结果远远算不上决定性的胜利。

在伊拉克战争中为美军工作的军史专家还不如直接将他们的发现直接送到五角大楼某个专门用来存储被遗忘书籍的档案室。现在的军方将领既不希望也没意愿从"9·11"之后的战争中吸取惨痛的教训。他们已经迈开了步子，迫不及待地按照自己的喜好打造一个想象中的未来。在 2020 年的大动荡中，美国军方没有回顾既往，自然也不会有人为历史负责。美国民众在无数烦恼的困扰之下也没有心情表达自己的反对意见。实际上，他们默许了五角大楼继续前行的做法，就好像没有任何不愉快的事情发生过一样。

# 后秩序

我想,即使不引用乔治·桑塔亚纳①的名言,人们也能理解这么做的危险性。他说,被忘却的历史必将会重演。如果发生在 2020 年的那些令人感到沮丧的事件能够促使美国人更深入、更严肃地了解美国在军事方面或其他方面的历史的话,这些事件也算有了自己的价值。我们有很多东西需要学习,美国军队在本世纪所遭受的一系列政治和战略失败为我们的学习提供了起点。

---

① 乔治·桑塔亚纳(George Santayana, 1863—1952),西班牙著名自然主义哲学家、美学家,美国美学的开创者。

# 第 5 章

# 自然的报复

# 第 5 章 自然的报复

1945 年 5 月 11 日,两架日本神风战斗机猛烈地撞上了邦克山号航空母舰(USS Bunker Hill CV-17)。作为美国第 58 特遣舰队(Task Force 58)的旗舰,事发之时,该舰正在支援冲绳岛(Okinawa)上正与日军作战的美国部队。神风攻击队的袭击引发了熊熊大火以及多次二次爆炸,给航空母舰带来了毁灭性打击。舰上人员的伤亡情况令人震惊:393 人死亡,264 人受伤,43 人失踪。幸存下来的英勇船员设法保住了该舰并将其缓慢驶入珍珠港(Pearl Harbor)。随后,该舰被送入普吉特海湾海军造船厂(Puget Sound Naval Shipyard)进行维修。

自那以后,再没有哪个敌人成功地使美国的航空母舰丧失战斗力。但是,在 2020 年春天,新冠肺炎疫情令西奥多·罗斯福号航空母舰(USS Theodore Roosevelt CVN-71)停摆。

罗斯福号航空母舰是美国海军第四艘尼米兹级(Nimitz-class)核动力航母,于冷战后期的 1986 年开始服役。在冷

## 后秩序

战结束后,西奥多·罗斯福号航母没有辜负它"大棒"(Big Stick)的绰号,因为在持续30年的美国军事活动中,它几乎参加了每一次战斗或准战斗行动。在沙漠盾牌行动、沙漠风暴行动、提供舒适行动、拒绝飞行行动、慎重武力行动、盟军行动、南方守望行动、持久自由行动、自由伊拉克行动和坚定决心活动中,罗斯福号航母共出动战机数万架次。在这期间,没有敌人能够对其构成一点儿威胁。作为美国军事力量的雄伟象征,"大棒"貌似天下无敌。

然而,事情并非总是如此。2020年4月,新冠肺炎迫使罗斯福号在关岛(Guam)寻求庇护,船上有1000多名船员因病毒检测阳性而被隔离。与1945年撞向邦克山号航母的神风战机不同,使西奥多·罗斯福号航母瘫痪的新冠病毒并没有给舰体带来任何物理性损害。然而,就操作层面而言,其影响是一样的:有价值的资产变得不再可用。

当代理海军部长以未能专业行事为由解雇该舰舰长时,西奥多·罗斯福号航母的故事引起了全国的关注。布雷特·克罗泽(Brett Crozier)舰长的不端行为是向外界就船员的新冠病毒感染情况发出了警报。由于一些人已经被感染,克罗泽担心——事实证明他是正确的——更多人会处在危险之中。

"我们没有处在战争状态,"他在写给上级的信中激动地说道,"士兵们不必去死。如果我们现在不采取行动,我们就不能妥善照顾我们最可信赖的资产——我们的士兵。"最终,这封不带密级的信被媒体报道了出来。这次泄密事件使克罗泽失去了工作。在他最后一次走下甲板时,他的手下为他举办了一场隆重的送别仪式,这种仪式通常是留给超级碗冠军四分卫的。这次送行也成为一条全国性新闻。代理海军部长立即飞往关岛,在一场带脏字的演讲中他怒斥士兵支持自己的舰长。这是一条更为轰动的全国性新闻。代理海军部长被迫辞职。与此同时,已经失业的克罗泽舰长身染新冠病毒,在关岛隔离。

有人情味的故事总能吸引媒体的注意,这次也不例外。然而,随之而来的喧嚣转移了人们的注意力。罗斯福号困境本应引发出来的更大问题没有得到人们的重视。

克罗泽舰长告诉他的上级:"我们没有处在战争状态。"这种说法虽说没错,但它也有误导性。事实上,自克罗泽1992年从美国海军学院(U. S. Naval Academy)毕业以来,美国就一直在打仗,或在为打仗做准备,或设立禁飞区,或开展人道主义干预(相当于战争的另外一种说法)。

对于在邦克山号上服役的人来说,战争就是为了胜利;战争结束了,他们也就可以回家了。对于那些被派到"西奥多·罗斯福号"上工作的男男女女来说,胜利并不是他们要达到的目

## 后秩序

的。他们从事的是国家安全事业，从定义上讲，这是一项永无止境的事业。与海军同人和其他兵种一起，他们正在密集参与各种循环往复的活动。从表面上讲，这些活动是为了确保美国人的安全和自由。

很明显，在2020年春天，有些事情变得有点不大对劲。尽管罗斯福号和其他的美国军事机构尽了最大的努力，美国人仍没有一丝安全感。他们正在成千上万地死去。数百万人正在失去自己的工作。数以千万计的人被限制在自己的家中，不能外出。曾因新冠病毒而停摆的"大棒"根本帮不上什么忙。某些事情显然出了问题，美国军方却好像什么都看不到一样。

实际上，这种情况并非没有历史先例。大概70年前的1951年春天，当时的美国国家安全问题聚焦在是否通过大规模轰炸中国而迫使朝鲜战争全面升级。道格拉斯·麦克阿瑟（Douglas MacArthur）将军作为美国远东司令部总司令坐镇东京，力主这一想法。但时任美国参谋长联席会议主席的奥马尔·布莱德利（Omar Bradley）反对这样做。他告诉国会，这样做将会使美国"在错误的时间和地点与错误的敌人打一场错误的战争"。虽说布莱德利没有麦克阿瑟那样的个人魅力，也不会装腔作势，他的建议最终还是占了上风。因此，他使美国得以避免一场巨大的战略和道德失误。

# 第 5 章　自然的报复

2020 年所发生的事揭示了如下一点：自"9·11"事件以来，美国所发动的战争都是一些在布莱德利将军眼中错误的、与美国没有直接关联的战争。事后发现，这些战争给美国人民的安全和福祉带来了真正的威胁。在 21 世纪的第三个十年，美国发现它特别需要一些布莱德利式的智慧。

实际上，自柏林墙倒塌以来，美国一直缺乏这样的智慧。负责国家安全事务的官员一再选择"在错误的时间和地点与错误的敌人打一场错误的战争"。更准确地说，在很多年间，他们选择和不同的敌人在不同的地点打了不同的战争。不幸的是，没有像布莱德利那样的人物站出来谴责这些愚蠢的行为。而且，事实证明，也没有人有能力为美国的基本政策制订一个替代方案，以解决美国面临的一系列威胁。

## 误解威胁

任何希望了解人类弱点和缺陷的努力都应该从伊甸园的亚当和夏娃开始。与此同时，如果想理解美国在最近几十年里所累积的政策缺陷，就应该从一个名词开始：国家安全。

# 后秩序

国家安全的概念包含并远远超出了国防的范畴，它出现在"二战"时期，并在冷战期间逐渐成熟。国防的含义更加具体：保护美国人民生活的地方。国家安全的含义则更为广泛，它的基本特征是具有弹性。根据不同的情况，它可以涵盖很多内容，甚至包括威望和信誉等无形的东西。

由于国家安全取代了国防，保护美国人民就被降到了次要位置。在谋划和部署美国兵力时，其他事项占据了优先位置。冷战期间，人们眼中的国家安全的紧急事项为美国扩充核武库、在西欧大规模永久驻军以及在朝鲜和越南发动代价高昂的战争提供了理由。上述每一件事都耗资数十亿美元，单单用"国防"来解释是远远没有说服力的。每一件事都被视为一个更宏伟目标的一部分。

实际上，只要和国家安全挂钩，几乎每件事都可以被证明是合理的。请看一下日期标注为1962年2月2日的第115号《国家安全行动备忘录》(National Security Action Memorandum)，它的主题是"在越南的落叶行动"。在肯尼迪政府时期，共有272份《国家安全行动备忘录》。它们属于决策性文件，负责将一般政策落实为具体行动。将这些文件称之为《国家安全行动备忘录》——肯尼迪政府自诩为行动派——是为了凸显问题的紧迫性和重要性。只要涉及国家安全问题，

# 第 5 章　自然的报复

还有什么比行动更重要呢？

1962 年，美国对越战的参与程度依然有限。但是，一个悄无声息的加温过程已经开始，为了提升战争效果，美国的文职官员和军事官员都在一心寻找低成本的技术和工具。第 115 号《国家安全行动备忘录》的目的就是让总统批准一项建议：为了获取对北越军队的优势，在南越大片地区喷洒落叶剂。从空中喷洒落叶剂的做法确实符合低成本这一要求。

从这个意义上讲，第 115 号《国家安全行动备忘录》标志着美国军事行动的又一次渐进式扩张。肯尼迪总统的主要顾问都对此表示欢迎。时任美国国务卿的迪恩·腊斯克（Dean Rusk）认为成功杀死植物的行动将对控制和击败越共帮助巨大。国防部长罗伯特·麦克纳马拉（Robert McNamara）也看到了这么做给美国带来的巨大好处，通过给木薯、玉米、红薯、水稻和其他作物喷洒落叶剂可以有效影响越共游击队员的基本生活保障。在一份写给总统的备忘录中，麦克纳马拉的副手罗斯威尔·吉尔帕特里克（Roswell Gilpatric）保证说，制剂对人类、牲畜或者土壤无害。它们唯一的作用就是杀死植物。在最坏的情况下，如果像高地民族（又称蒙塔格纳德，Montagnard）这样的美国友军受到伤害的话，他们可以被转移到其他地方。当然，这些高地民族并不愿意离开自己的故土。

由此看来，这是一个非常聪明的计划，没有什么明显的缺点。

对此事稍有迟疑的是爱德华·默罗（Edward R. Murrow）。肯尼迪总统在实施"新边疆"（New Frontier）计划时邀请这位著名记者担任美国新闻署（United States Information Agency）署长。在写给国家安全顾问麦乔治·邦迪（McGeorge Bundy）的一份备忘录中，默罗提请他注意蕾切尔·卡森（Rachel Carson）当时在《纽约客》（New Yorker）上刊登的一系列文章。这些文章为卡森后来写就的开创性著作《寂静的春天》（Silent Spring）打下了基础。默罗说，卡森的文章表明"杀虫剂会对昆虫和植物之间的平衡以及人类生活带来毁灭性打击"。默罗最担心的是，大规模使用落叶剂的行动会对美国的海外形象产生潜在的负面影响。"我非常确信我们不能说服这个世界——特别是连饭都吃不饱的那一部分世界——落叶剂对他们是有好处的。"但是，默罗并不是肯尼迪总统的核心圈子成员，他不温不火的反对意见最终还是被忽视了。

就这样，牧场助手行动（Operation Ranch Hand）开始了，它从1962年一直持续到1971年。此次行动带有讽刺意味的非官方口号是"只有你才能阻挡森林"。仅次于核武器的大规模报复战略，牧场助手行动可以说是因冷战而受到扭曲的国家安全概念所导致的最愚蠢的行为。在实施这一行动时，空军主要

## 第 5 章　自然的报复

依靠经过特殊改造的 C-123 运输机，他们在南越和老挝约 600 万英亩的土地上倾泻了大约 1900 万加仑①的各式除草剂，其中以橙剂（Agent Orange）最为常见。

从数量上看，牧场助手行动取得了巨大的成功——美军让中南半岛上的大片土地变得寸草不生。虽说此次行动对战争的最终结果没有产生明显的影响，但对越南人民的影响却是深远且持久的。橙剂和其他落叶剂直接夺走了大约 40 万越南人的生命，并对多达 300 万人的健康造成了极其负面的影响。各种有毒制剂即使在越战结束后仍遍布各地，导致出生缺陷和各种癌症的激增。在越南服役的美国军人也深受其害。例如，在越战老兵（包括我自己）中发病率很高的前列腺癌就已被追溯到他们在服役时可能接触到的橙剂。就像整个越南战争一样，"牧场助手行动"被证明是一场十足的政治和道德灾难。

当然，当初批准在越南使用落叶剂的肯尼迪政府高级官员和负责实施"牧场助手行动"的身处西贡（Saigon）的美国高级指挥官并没有预料到这些。他们所认同的国家安全概念使他们相信人类理应掌控自然。除了特殊情况，东南亚会定期受到季风雨的影响。人们希望大自然能够适应决策者和士兵对"技术和工具"的迷恋。因此，虽说自然界可能不会完全顺从人类，

---

① 美制单位，1 加仑约为 3.78 升。

后秩序

可一旦被当作毒剂的存储地，它会立刻变成一个令人无法想象的危险来源。其可怕程度毫不逊色于敌对势力所设计出来的任何一件东西。

在肯尼迪的诸多顾问中，只有默罗借助蕾切尔·卡森的观点看到了一条至关重要的真理：自然不能无限度地被人类践踏；一旦超出界限，人类自身的安全和福祉就会受到威胁。简而言之，如果人类将自然逼到死角，它本身就会成为人类的威胁，人类的现代化文明也将危如累卵。

在越战结束后的20世纪以及21世纪初期，很少有负责国家安全的官员愿意认真对待这种结果，"牧场助手行动"背后的错误逻辑依然存在。不仅如此，技术和工具对国家安全至关重要的看法愈发深入人心。华盛顿依然更加关注远在天边的虚幻威胁，而对真正威胁美国人的各种危险却熟视无睹。

## 标语和口号

美国在越南遭受失败之后，并没有大幅改动其基本的国家安全政策。虽说战争结束后有很多关于战争"教训"的痛苦讨

## 第 5 章 自然的报复

论,但"牧场助手行动"所带来的道德和环境影响没有资格成为其中的一个议题。

所谓的越南综合征(Vietnam Syndrome)导致美国在很短的一段时间里不再大张旗鼓地使用武力,但很快美国又恢复了正常。西贡在 1975 年陷落。到了 1980 年,吉米·卡特(Jimmy Carter)总统就已经把石油资源丰富的波斯湾地区确定为下一个彰显美国军事存在和发动军事行动的地区了。根据这条卡特主义(Carter Doctrine)原则,战争的准备工作立即启动。里根在 1981 年当选美国总统之后着手加强军备,这其中就包括批准建造西奥多·罗斯福号航空母舰。新一代的技术与工具应运而生——武器、理论以及训练方法。

随后,美国在黎巴嫩、利比亚、格林纳达、萨尔瓦多以及尼加拉瓜开展了一系列公开或秘密的干涉行动。到了 20 世纪 80 年代中期,冷战与国际安全行动主义(national security activism)之间相辅相成的共生关系得到了全面恢复。

此时,苏联的经济停滞不前,苏联军队在阿富汗的战事也以失败告终(部分归功于美国对阿富汗抵抗组织的大力支持)。在这种情况下,克里姆林宫(Kremlin)决定从阿富汗撤军。在 1989 年底,随着柏林墙倒塌,漫长的黎明前的斗争突然结束。从理论上说,这一惊人的转变理应促使华盛顿的决策者重

## 后秩序

新思考并摒弃盛极一时的国家安全范式。然而，这种反思并没有出现。当时，美国军队的威望和政治地位已经恢复到越战前的水平，这完全排除了反思的可能性。

在这个关头，一位专家开口说话了。就在冷战即将结束的时候，美国宇航局的一位科学家詹姆斯·汉森（James Hansen）受邀出席美国参议院能源与自然资源委员会举行的听证会。在简短的发言中，汉森请委员会成员关注三个主要结论：

第一，1988年的地球比有仪器记录以来的任何时候都要更热。第二，全球变暖趋势已相当明显，我们可以自信地将全球变暖归因于温室气体排放。第三，我们的计算机气候模拟表明，温室效应已经大到足以影响诸如夏季热浪这样的极端天气事件的发生概率。

据《纽约时报》报道，汉森博士的证词"以其特有的力度和权威性为人们敲响了警钟，以至于世界正在变得过热这一议题突然成了公众关注的焦点"。不幸的是，记者的结论太言过其实了。汉森的发现的确引发了人们的广泛关注。但是，当涉及基本国家安全政策时，他的影响力还不如1962年的爱德华·默罗[①]大。那些负责制定冷战后战略的人对气候变化潜在

---

[①] 爱德华·默罗（Edward R. Murrow, 1908—1965），美国广播电视记者、制作人、编剧、导演。1961年担任美国新闻署署长。

## 第 5 章　自然的报复

影响的关心程度并不比那些在肯尼迪政府中供职的最好和最聪明的总统顾问对牧场助手行动的关心程度更高。他们并不认为气候变化是一个特别相关或有趣的问题。

与此相反，他们感兴趣的是如何审慎地重新定义目标，以避免出现实质性变化并防止国家安全机构的资源被占用。他们的想法是在保留基本政策的同时对其进行微调。由此，用于威慑和防御的军队成了力量投射的主要工具。

1992 年 1 月版的《美国国家军事战略》（National Military Strategy of the United States NMS）为这种调整给出了理由。1992 年的《美国国家军事战略》是在时任参谋长联席会议主席的科林·鲍威尔（Colin Powell）将军的主持下发布的。当时，苏联解体刚刚一个月，距美国为首的联军在沙漠风暴行动中对伊拉克的所谓大胜也还不到一年的时间。据鲍威尔所说，新战略针对"二战"以来塑造美国军事态势的一些原则进行了调整。就好像是从肯尼迪的新边疆计划里摘抄出来的一样，新的原则强调行动的重要性。

最重要的一点是美国要从遏制共产主义的扩张以及阻止苏联的入侵转到一个更加多元和灵活的战略，该战略以地区为导向，能够果断应对这个十年的挑战。

前沿存在（Forward Presence）和危机应对（Crisis Response）

## 后秩序

是新战略的基石。将美国军队部署在世界各地会显示美国的承诺、提升美国联盟的信誉、加强地区稳定性并为我们提供危机处理能力。前沿存在和危及应对齐头并进，相辅相成。将它们结合在一起，美国就能处理地球上任何地方可能出现的任何问题并能维护美国人的安全和自由。

虽然苏联和华约集团的解体使美国难以再具体确认这些威胁，但《美国国家军事战略》指出，"历史宿敌之间加深的积怨是一个需要关注的问题，此外还有核扩散、贩卖毒品以及持续努力改善全世界的人类生存状况"。最糟糕的东西恰好是那些处在五角大楼决策者认知之外的危险："我们现在面临的真正威胁是那些未知的、不确定的威胁。"简而言之，在驶入未知未来的过程中，美国军队肯定有很多工作要做。

1992年的《美国国家军事战略》没有提及大自然本身也会成为问题的可能性。在五角大楼，没有人重视汉森博士当初提出的建议，1995年的《美国国家军事战略》也是如此。在"跨国危险"的标题下，这份文件只是顺带提了一下跨国疾病，但没有给出任何行动指南。气候问题既没有出现在1995年的《美国国家军事战略》中，也没有出现在1997年、2004年和2015年发布的报告中。在美国国会的敦促之下，美国军方终于在2015年开始评估与气候有关的风险和不断变化的气候对

## 第 5 章　自然的报复

国家安全的影响。军方的报告没有涉及具体细节，也没有表达事情的紧迫性。各个军事指挥部开始将气候变化的影响纳入其审慎作战管理和战略风险的框架中。国会对此也只能表示满意。

《美国国家军事战略》的历次版本都以标语和口号见长，同时辅以彩色图表。所有这些都是为了让人们相信，美国军方完全了解全球安全环境的变化。例如，1995 年版的核心主题是"共享态势感知，实时军力协同"；1997 年版的核心主题是"塑造，回应，准备"；2004 年版的主题是"全方位主导"；2015 年版的核心主题是"混合冲突"。在大多数情况下，创造这些术语的目的只是为了掩盖批判性思维的缺乏。

平心而论，美军现在有太多的事情需要处理，在"9•11"事件之后的战争期间更是如此。五角大楼在全力应对简易爆炸装置、铲除叛乱分子的时候，几乎没有余力再去设想一个彻底不同且令他们感到陌生的未来。因此，军方决策者有意无意间忽视了那些与他们的既有认知相矛盾的变化迹象。他们坚信，只要有足够的经费，军队就能更好地确保美国的安全和繁荣。当权的军队将领们像极了那些在汽车时代来临之初仍在生产四轮马车和马车鞭子的作坊主。

这并不是说军队在原地踏步。美国陆军、海军和空军（海

## 后秋序

军陆战队较少）都在多多少少地持续开展资本重组。这实际上意味着用升级和改进版的武器取代那些已经老化的武器——更好的坦克、更好的战机、更好的远程轰炸机。举一个例子，2009年11月，美国最新级别的航空母舰铺设了龙骨。整个建造过程会持续到2058年，其间"杰拉尔德·福特号"航空母舰（USS Gerald Ford）以及其他九艘同级别航母会纷纷下水，它们将取代尼米兹级成为美国海军舰队的新骨干。（在第五艘福特级航母加入舰队时，西奥多·罗斯福号航母将退休。）包括成本超支在内，福特号的造价超过了137亿美元，这还不算舰载机的花费。福特级其他航母的建造成本肯定更高。考虑到舰艇的预期使用寿命，海军希望福特级航母能够服役到21世纪末前后。它们既可以巡弋大洋又可以实施空袭。

任何参观过现代航母或看过电影《壮志凌云》的人都会证明，这些都是宏伟的机器，能让人想起美国那个造啥啥行，造啥啥好的年代。然而，正如"罗斯福号"航母因新冠肺炎疫情暴发而不得不停靠关岛所表明的那样，这些设备如何应对新出现的安全环境仍是一个问题。整个美国海军也是如此。

对于领导这支军队的人而言，从他们服役之日起就坚信他们的军队是人类历史上最强大的军队。即使稍稍暗示一下他们的服务可能接近于多余，也无异于亵渎神灵。对于民选官员而

## 第 5 章 自然的报复

言,尤其是那些来自武器承包商所在地的官员,这样的说法同样令人无法接受。对于爱国公民而言,因为他们从小接受的教育是负责制定基本国家安全政策的官员知道他们应该做什么,所以他们压根不相信美国军队会在错误的地点对错误的敌人发起战争——至少在新冠疫情让这些官员完全措手不及之前一直是这样。

"二战"期间,在国家安全背景下,威胁指的是迫在眉睫和实实在在的危险,最初是纳粹德国,随后是拥有核武器的苏联。虽说冷战结束后美国的敌人不再给我们带来迫在眉睫和实实在在的危险,但是"威胁"的内涵并没有出现任何变化。没关系,旧的用法依然存在,它的准确度已经让位于实用性。它现在已经成为一种吓唬人的工具,一个为五角大楼提供大量资金的理由。

20 世纪 90 年代,美国失去了苏联那样的对手,于是五角大楼造出了"流氓国家"(rogue nation)这个词,用其指代美国所面临的威胁。于是,萨达姆·侯赛因成为首选。9·11 事件之后,流氓国家这个词逐渐失宠。然而,受到"二战"的启发,小布什(George W. Bush)总统竟然无中生有地造出了"邪恶轴心"这个词。该轴心包括伊拉克、伊朗和朝鲜,它们被视为美国的威胁。现在,20 年过去了,伊拉克变成了一个烂摊子,

## 后秩序

不再是危险之源；伊朗和朝鲜在美国半官方的威胁名单上仍占有一席之地。然而，这个名单正在不断变长，苏联解体之后的俄罗斯以及中国都位列其中。

这些对美国国家安全构成威胁的因素有什么共同特征？至关重要的一点是，它们都是民族国家，而且距离遥远。依据科林·鲍威尔30年前的建议，它们可以被称为五角大楼偏爱的敌人，因为它们的存在能够证明维持一支具备远程投放能力的军队的合理性。

在这里，我们看到了在冷战期间和冷战之后美国基本政策的一个持久的、心照不宣的前提：遏制、威慑或胁迫那些遥远的、能给美国带来危险的国家是保证美国人国内安全和自由的关键。这种遥远敌人的存在为西奥多·罗斯福号、杰拉尔德·福特号以及整个国家安全状态提供了充分的理由。

有时，美国发现自己所面对的威胁不是来自五角大楼偏爱的敌人。每每如此，伴随着内心的恐惧，美国人便发现现有的国家安全范式还远远不能满足维护美国安全的要求。

在这样的事情里，首先是古巴导弹危机（Cuban Missile Crisis），其次是"9·11"事件，再次是2020年的新冠肺炎疫情大流行。这三件事貌似毫不相关，却都暴露了现有国家安全范式的缺陷。因此，它们有很多供我们借鉴的地方。

## 第 5 章　自然的报复

古巴距佛罗里达海岸仅仅 90 英里，可谓美国的近邻。在冷战初期，为了让美国人高枕无忧，历届美国政府不断扩充核武库并秘密颠覆不符合华盛顿意愿的政权。从 1947 年冷战刚刚开始到 1961 年肯尼迪当选总统，美国的核武库从 13 枚核弹头发展到令人吃惊的 2.3 万枚。同年，肯尼迪批准了由中情局拟定的派遣反革命分子在猪湾（Bay of Pigs）登陆进而推翻古巴共产党领导人菲德尔·卡斯特罗（Fidel Castro）的计划。该计划最终弄巧成拙，产生了适得其反的结果。18 个月后，被盲目扩充起来的核武库以及美国对秘密行动的特殊癖好共同导致了古巴导弹危机。

实际上，华盛顿对遥远威胁的专注导致了在自家后门出现的一个真正威胁。虽然美国的军事指挥官已经做好了准备，可以像十年前轰炸朝鲜那样或像其后轰炸北越那样将古巴炸成碎片。但肯尼迪得出的结论是武力打击苏联部署在古巴的核武器会导致一种更糟糕的结果：第三次世界大战。因此，他从深渊边缘退了回来。他与苏联领导人尼基塔·赫鲁晓夫（Nikita Khrushchev）举行的秘密会谈避免了一场毁灭性决战（Armageddon）。古巴也由一个火药桶变成了一个小麻烦。也就是说，当威胁真正出现时，现有的国家安全范式发挥不了任何作用，肯尼迪在处理古巴导弹危机时就将美国的政策前提放到了一边。通过与克里姆林宫达成协议，肯尼迪拯救了国家，也可以说拯救了全人类。

能够揭示这种范式的缺点的第二个例子与基地组织有关。对于美国国家安全机构而言，与基地组织打交道更为麻烦，因为它不是一个民族国家。实际上，它是一个具有广泛影响力和持久力的恐怖组织。即便如此，在"9·11"事件促使美国国会向恐怖主义宣战时，小布什政府仍然选择与那些现成的五角大楼偏爱的敌人开战，即便它们没有直接参与对世贸中心和五角大楼的袭击。

事实很快证明，这样做没有任何战略意义。不说别的，随后的阿富汗战争和伊拉克战争就已表明现有的国家安全范式已经变得根深蒂固、冥顽不化。小布什政府完全专注于遥远的民族国家可能给美国带来的威胁，并将其凌驾于其他所有考量之上。因此，部队斗志昂扬地开赴前线，并按照日常的训练、组织和装备情况开展任务。随后的战争，无论是漫长的、无休止的还是永久的，最终都代表了对布莱德利将军著名箴言的蔑视。

新冠肺炎疫情彻底将现有国家安全范式的缺陷暴露了出来。根据该范式，美国每年的安全支出大约一万亿美元。在新冠病毒肆虐全国的时候，这种奢侈的资源支出与手头上的问题几乎毫无关系。

美国国防部的确动用了两艘医疗船,为治疗纽约和洛杉矶的病人做出了象征性贡献。各州州长也命令国民警卫队(National Guard)协助当地政府设立临时医疗设施并开展支援行动。空军雷鸟飞行表演队(Thunderbirds)和海军蓝天使飞行表演队(Blue Angels)在美国主要城市上空飞行,以表达五角大楼对医务人员和一线工作者英勇行为的钦佩。军方的这种姿态值得赞赏,但他们提供的实际价值却是可以忽略不计的。

## 放大版的牧场助手行动

从国家安全的角度看,新冠病毒大流行给我们提出了几个关键问题。美国军队在遥远国度时时备战、随时开战的疯狂行动是否有助于保护美国人在国内的安全?它是否分散了人们对这一目标的关注?每年被国家安全机构耗费的大量资金是否增进了我们的集体福祉?或者这些支出是否占用了本可以用来改善人民福祉的宝贵资源?

为了回答这些问题,我们需要修订自己对威胁构成要素的

## 后秩序

理解。到底是什么剥夺了美国人的生命和财产，破坏了美国的经济繁荣，损害了美国人的自由？在回答这个问题的时候，我们发现那些遥远的民族国家给美国带来的危险远远少于因人类活动而被扭曲的大自然给我们带来的危险。

当我躺在床上担心我的子孙会生活在一个什么样的地球时，让我无法入眠的不是恐怖主义，也不是大国关系，而是国家安全机构对真正的、近在咫尺的危险视而不见的愚蠢无知。这些危险一旦被忽视，必定会日益严重，并最终危及美国的生活方式。正是那些不被五角大楼重视的，但又恰恰威胁我们生活的"补充物"应该格外受到关注。

这些威胁主要表现为三种形式：首先是持续时间不长的灾难。这类灾难也往往被误导性地称为自然灾害甚至被更具误导性地称为"上帝的作为"。这包括风暴、洪水和山火，它们都因气候变化而愈演愈烈。

其次是累积性的，而非突发性的资源枯竭。这会给土壤、水、野生动植物和空气质量带来灾难性影响。它也是人类活动的结果。动物物种的灭绝就为我们提供了一个特别生动的例子。还有，人们在美国市场上销售的海洋鱼类体内发现了微塑料颗粒。当然，少不了干旱。干旱正在变得更加频繁、更加严重、更加持久。

## 第 5 章　自然的报复

最后是传染性疾病。新型肺炎就是一个典型的例子，但绝对不是唯一的例子。自 1981 年以来，艾滋病毒已经夺走了大约 70 万美国人的生命。在某些情况下，气候变化会成为一个重要因素，它可以加快病毒的传播并加剧疾病的暴发。2003 年的非典疫情和 2014 至 2016 年的埃博拉疫情就是最近的两个例子。

虽说有些地方认为气候变化是一个伪命题，但气候变化所带来的威胁是真实存在的，而且会继续产生惩罚性影响。想一想近年来威力巨大的飓风给我们带来的损失吧。2005 年，卡特里娜飓风造成了 1250 亿美元的损失。2012 年，桑迪飓风来了，造成损失 750 亿美元。2017 年甚至可以被视为"飓风年"，在两个月的时间里分别来了哈维飓风造成损失 1250 亿美元、厄玛飓风造成损失 650 亿美元和玛莉亚飓风造成损失 910 亿美元。这些损失数字还不包括那些在飓风中死亡、受伤、流离失所的人。

如果这样的惨痛损失是由敌人的攻击造成的，美国人会毫不费力地在上面贴上"国家安全失败"的标签，就像当年的珍珠港事件或"9·11"事件一样。而现在，这些灾害只被视为"不幸事件"，完全不归每年花费数万亿美元的国家安全机构负责。对于任何没有明显军事反应的威胁，国家安全机构都会放任不管,就像消防部门因没有见到烟雾和明火而拒绝应对紧急情况一样。

这是一个和定义有关的问题:狭义的国家安全概念可以满足武装部队和军工复合体的需求。它同样适合那些需要武器制造商捐资助选的民选官员。但是这种狭隘的定义将会把美国人民暴露在下一次不幸当中。这种不幸发生得越来越频繁,其后果也越来越严重。与此同时,那些显而易见的解决方案——更细致的防灾准备、更先进的预警系统、更快捷有效的应对方式以及向后化石燃料经济更快速地转型——却受到了忽视。更换尼米兹级核动力航母是一个更为重要(更为有利可图)的事项。

换句话说,我们在这儿看到的教训只是"牧场助手行动"的放大版。现今,美国人对"技术和工具"的迷恋是毫无止境的。虽然有越来越多的证据表明强迫自然遵从人类意愿的做法正在产生严重的、也许是不可逆的伤害,但是这种对自然的期望仍然存在。就战略预判而言,蕾切尔·卡森要比肯尼迪的顾问以及以后几十年中所有最好和最聪明的人领先不知多少年。

卡森在20世纪60年代观察到的东西现在已经变得非常明显:为了保护美国的生活方式就必须遏制这种生活方式的过度行为。在过去的一个多世纪里,无数的决定,无论大小,都将自由定义为放纵我们的消费欲望、活动能力和选择权利。这些决定给我们带来的威胁远比那些遥远国家大得多。我们已经成为我们自己的敌人。

无论"西奥多·罗斯福号"航母或是其他的国家安全机构都无法拯救我们。

第 6 章

以前为何而战，现在为何而战

## 第 6 章　以前为何而战，现在为何而战

美国自诩为自由捍卫者，但种族问题彻底颠覆了这一形象。1776 年是这样，今天依然是这样。英国作家塞缪尔·约翰逊（Samuel Johnson）在英属北美殖民地提出独立要求的时候曾问道："为什么最响亮的自由呼声恰恰来自那些驱使奴隶的人？"

这个问题是绝大多数美国白人，特别是那些身居高位的美国白人，一直试图回避的问题。在相当长的一段时间里，他们成功地做到了这一点。这是因为美国将每一次动用武力都美化为推进人类的自由事业。在这种背景下，忽视或掩盖如下这个事实就显得非常必要了：很多美国人自己都没有自由。

名为《我们为何而战》（*Why We Fight*）的"二战"系列纪录片为这种历史悠久的做法提供了一个显著的例子。珍珠港事件发生后不久，美国战争部就委托当时正在军队服役的著名电影导演弗兰克·卡普拉（Frank Capra）拍摄这一系列影片。卡普拉本人将其视为用来回应莱妮·里芬斯塔尔（Leni Riefenstahl）

## 后秩序

拍摄的臭名昭著的纳粹宣传电影《信仰的胜利》（*Triumph of the Will*）的一部作品。卡普拉出色地实现了他的目标。

被授予奥斯卡最佳纪录片奖的《我们为何而战》本身就是一部杰出的宣传作品。卡普拉拍摄的全系列 7 部电影将洗白后的美国历史与"二战"起源的简要介绍完美地融合在了一起。在历史叙述部分，美国人被描绘为一个投身于全人类自由与平等事业的民族，他们渴望和平的生活。在战争起源部分，电影回顾了这个国家缓慢的觉醒过程，它是如何一步步认识到为自由而战的必要性的。这个过程非常缓慢，因为，正如在第一集中一位叙述者所言，"我们当时还没有认识到，我们的和平取决于所有人的和平。"直至 1941 年 12 月 7 日，美国人才意识到，"这是一场自由世界和奴隶世界之间的斗争。摧毁纳粹德国、法西斯意大利以及日本帝国的战争就是一个普通人与那些想将其重新变成奴隶的人进行的生死斗争"。

至于美国奴隶制的历史事实及其遗留问题，卡普拉的系列纪录片则刻意保持了沉默。事实上，它几乎没有承认非白人和欧洲人种的美国人的存在。整体看来，《我们为何而战》也几乎忽视了美国的种族问题，尽管在整个美国南部地区普遍存在法律意义上的种族隔离以及在北方绝大部分地区仍存在事实上的种族隔离。

## 第6章 以前为何而战，现在为何而战

然而，面向全国开展的有关一场全面战争的动员必然意味着也要非裔美国人参与其中。事实上，"二战"期间，大约120万黑人士兵在美军服役。他们当中的绝大部分因应召而入伍。在当时，对很多美国白人来说，他们的黑人同胞并不是我们的一部分。因此，战争部有责任解释他们为什么应该参战。

为了满足这一要求，卡普拉为他的系列纪录片制作了一个补篇。美国战争部在1944年发布了这部名为《黑人士兵》（The Negro Soldier）的片子。该片时长47分钟，就其本身而言，这是一部非常优秀的纪录片。

《黑人士兵》开篇的背景设在一座庄严的教堂，教堂里坐满了穿着体面的黑人信众，它采用倒叙的手法分阶段叙述了自美国革命以来黑人士兵为国而战的英雄历史。当然，纪录片没有提及美国内战。奴隶制以及后解放时期的农奴制也不可能被放入影片。当时，好莱坞的电影要么把黑人刻画成卑躬屈膝、脑子不灵的人，要么把他们描绘成除了唱歌和跳舞什么都不会的人。与此不同，《黑人士兵》中呈现的黑人社区到处都是虔诚的、体面的、满足的、爱国的良好公民。

牧师，是影片的实际叙述者，在礼拜仪式一开始就回顾了一场1938年的拳击比赛。在比赛中，乔·路易斯（Joe Louis）

## 后秩序

在第一回合就将德国选手马克斯·施梅林（Max Schmeling）击倒在地。然后，他对自己的信众说："争夺真正世界冠军的战斗已经开始。"乔·路易斯也将参与其中。（电影的海报上就有身穿制服、手持 M1 加兰德步枪的二等兵乔·路易斯的身影。海报所附文字为"美国的乔·路易斯对阵轴心国！"）牧师随即大声朗读了《我的奋斗》(*Mein Kampf*)中的一些段落。在这些段落中，希特勒嘲讽说任何教育黑人——天生的半人半猿——的努力都是都是违背一切理性的罪恶和疯狂的犯罪。

信息非常明确：种族主义的确存在，但它存在于纳粹德国，而不是美利坚合众国。由此，所有美国黑人都应心甘情愿地为争夺真正世界冠军的战斗贡献自己的力量。

卡普拉的电影并没有特别关注胜利会给美国黑人带来什么。从《黑人士兵》中可以看出，他们的处境已经很令人满意了。由此，虽说黑人与白人可能隔离居住（并在一支奉行种族隔离政策的军队中分开服役），但所有人都享有用来定义美国生活方式的自由。即使彼此隔离，在实质上他们也是平等的，正如卡普拉镜头下的非裔美国人自己所承认和感恩的那样。因此，一位白人电影制作人将黑人纳入了他为美国自由而战的电影编年史中。

当然，所有的一切都是幻象，是按照好莱坞传统精心炮制出来的幻象。

## 自由叙事的解除以及重新谈判

在美国人的集体意识中,《我们为何而战》所宣扬的战争是争取自由的决胜战争。甚至在今天,即便有特朗普执政、新冠病毒大流行、痛苦的经济衰退、黑人的命也是命运动,"二战"仍是国家合法性的源泉,这种合法性可以说超过了美国独立战争和内战。

最重要的是,战争以全面胜利告终,"二战"对日战争胜利日当天的报纸头条都在宣告和平的到来。然而,"二战"的结束并没有带来真正的和平。相反,一个长达几十年的危急状态马上开始,期间危机四伏、战事频发,大决战在阴影中徘徊。随着冷战的到来,美国的领导人都习惯性地将国家安全置于其他所有事项之上,其中就包括种族问题。虽说人们并没有忽视种族平等,但在解决这一问题时总是修修补补,没有什么大刀阔斧的举措。在国会中,像卡尔·文森(Carl Vinson)、约翰·斯坦尼斯(John C. Stennis)和理查德·拉塞尔(Richard Russell)

## 后秩序

这样的忠诚的南方种族隔离主义者都是坚定的冷战斗士。他们受到五角大楼的青睐，随后被尊为伟大的政治家。

对于非裔美国人而言，冷战的爆发使"我们为何而战"这一问题变得更加复杂。"二战"期间，卑劣的白人种族主义者（至少是德国人）直接威胁自由的存在。在美国，他们要求全体美国人，无论肤色如何，都要对战争做出回应。这也是卡普拉的召唤，大体上，美国黑人能够挺身而出，响应召唤。然而，在冷战期间，与美国军队发生冲突的既不是白人也不是赤裸裸的种族主义者。

这些新敌人的共同之处是对共产主义的信仰。然而，了解这一意识形态，具有政治意识的非裔美国人都清楚共产主义理论坚决反对任何形式的种族主义。在20世纪20年代和30年代，美国共和党人和民主党人要么肯定种族隔离制度要么漠视它。然而，美国共产党人却为种族平等大声疾呼。黑人知识界的一些主要人物，如威艾·伯·杜波伊斯（W. E. B. Du Bois）、兰斯顿·休斯（Langston Hughes）、克劳德·麦凯（Claude McKay）、保罗·罗伯逊（Paul Robeson）以及理查德·赖特（Richard Wright）要么加入了美国共产党，要么准备加入美国共产党。从黑人的角度看，自由和马克思列宁主义之间的不相容性并没有立刻显现出来。

## 第 6 章　以前为何而战，现在为何而战

然而，在 1950 年夏天，杜鲁门政府强硬的反共立场促使其出兵干预朝鲜战事。按照哈里·杜鲁门的说法，美国匆忙派兵是为了自由与和平。这种说法把问题过于简单化了。事实证明，把朝鲜战争（Korean War）说成另一场为自由而战的战争很难被人接受，特别是联军发动的不明智的针对朝鲜的反击还将中国拖入了战争。在朝鲜实施的"警察行动"（Police Action）比杜鲁门本人或美国人民所预期的时间更长、更血腥。

话虽这样说，虽说没有人喜欢朝鲜战争，但它确实改善了黑人士兵的地位，结束了军中的种族隔离制度。鉴于很难保证黑人替补战士不会误打误撞地加入白人步枪连，在朝鲜的美军指挥官决定按照杜鲁门总统 1948 年发布的行政命令整合部队。

对于最高指挥部而言，整合军队与种族平等没有太大关系。这么做的主要目的是简化烦琐的行政工作，同时按照资质而不是肤色分配士兵。"二战"期间，绝大多数有色军人被分到了服务性的即非战斗性的单位。在冷战期间发生的热战将黑人士兵推到了战争的最前线，使他们有了与白人同胞平等的为国捐躯的权利。

虽说如此，因为种族隔离制度在整个美国南方仍根深蒂固，美国参议院甚至拒绝通过反私行法案，所以，很难说是不是那些为自由而战的美国黑人士兵推动了美国国内的黑人自由

事业。虽说黑人士兵在朝鲜战场上作战英勇投入，可是与"二战"相比，他们参战的目的性已经变得模糊不清了。

然后是越南。越南战争是美国大兵在一个民主诚意可疑的遥远国度打的另外一场战争。到了 20 世纪 60 年代，随着军队整合工作的完成，非裔美国士兵在作战单位的人数激增（黑人军官的数量仍寥寥无几，黑人将军则几乎没有）。由此，在大批美国部队被派到越南后，黑人士兵便遭受了不成比例的伤亡——在第一年的主要战斗中，黑人士兵的死亡人数接近总死亡人数的 25%。

这些数据引起了轩然大波。作为回应，五角大楼紧急调整政策，以便黑人士兵的死伤比例与他们在部队中的数量比相当。尽管如此，这些早期的伤亡数据还是给人们留下了不可磨灭的印象：在注定要成为美国历史上最不受欢迎的战争中，非裔美国士兵付出了巨大的牺牲，这远远超出了他们应尽的责任和义务。

越南战争最起码在一个重要方面与"二战"有相似之处：联邦政府依靠征兵制使年轻的美国人穿上军装。维持一个非自愿的征兵制度需要给"我们为何而战"这样的问题一个具有说服力的答案。很显然，美国政府没有成功地做到这一点。很快，抵制征兵的做法变得越来越普遍，特别是在享有特权的白人当中。人们看到,越来越多的美国白人设法逃避兵役。随着民权运动向黑人权力(Black Power)的激进转变,很难再说服非裔美国人相信他们的利益与越南息息相关。当路易斯在1941年接到入伍通知书时,他欣然入伍。四分之一个世纪之后,当穆罕默德·阿里(Muhammad Ali)接到征兵令的时候,他断然拒绝参军。这位美国拳击冠军告诉记者,"我才不想和越共吵架呢!"

就在第二年,马丁·路德·金(Martin Luther King)登上曼哈顿河滨教堂的讲坛,谴责越南战争。他声称,这场战争把那些被我们这个社会拖垮的年轻黑人送到8000英里以外的东南亚去捍卫在佐治亚州(Georgia)西南部和东哈莱姆区(East Harlem)都找不到的自由。金利用他巨大的道德权威,证实了业已存在于美国社会多个角落的想法。也许,更重要的是,这种想法也早已根植于美国黑人大兵之中:越南战争根本不符合为自由而战的标准。

黑豹党(Black Panther Party)的埃尔德里奇·克里弗(Eldridge Cleaver)说话更加直接。他在《致我在越南的黑人兄弟》的信中写道,"我知道你们这些黑鬼(niggers)对黑人组织的想法完全是混乱的。否则,你就不会成为白人组织——美国——的走狗,并为他们提枪上阵"。他继续说,"黑豹组织也会拿起枪，但不会把枪口对准英勇的越南人民。拿起枪的目的是发动解放战争，对抗那些你们正在帮助的、针对全世界（包括你们自己）玩恶毒游戏的猪猡。"克里弗也敦促黑人大兵这样做。

随着战事的拖延，黑人士兵的抵制行为在国内、战区以及其他海外驻扎地越来越多。整个部队军纪废弛，这让政界和军界精英措手不及。

美国军事史上的一个关键时刻到来了。在越战以前的历次战争中，非裔美国人都做出过被认为有益的、但不那么重要的贡献。但是，这种情况正在发生改变。越南战争不仅改变了很多年轻美国人对于此次战争的想法，而且还改变了他们对服兵役的整体看法。随着美国白人男子花样频出地逃避兵役——小布什参加了国民警卫队，迪克·切尼（Dick Cheney）因学业屡次申请延缓入伍，唐纳德·特朗普则说自己身患骨刺——黑人的参军意愿和战斗意愿就变得不可或缺了。如果非裔美国人和美国白人都认为美国不再值得他们为之战斗，美国的军力——美国作为世界大国的重要体现——也必将萎缩。

1970年，尼克松政府决定废除征兵制。随后，美国确立了志愿兵役制。这等于默认了政府已经彻底丧失强制征兵的权力。根据尼克松总统的说法，现行的制度是不公平的，理应被

## 第6章 以前为何而战，现在为何而战

废除。更准确地说，这项难以为继的制度使联邦政府别无选择，只能将其废止。志愿兵役制代表了美国政府为了寻找替代方案所付出的巨大努力。

为了让志愿兵役制充分发挥作用，五角大楼必须实施全面改革，以增强军队对身体健硕的年轻人的吸引力。这就意味着提高工资和福利并减少那些已经成为军队生活一部分的鸡毛蒜皮的琐事。然而，很少有人怀疑，志愿兵役制的短期效果和长期可行性取决于美国黑人子弟的入伍意向。那些指望用生活在郊区的白人孩子填补越战之后军内空缺的征兵人员一定会等很长时间。然而，为了让志愿兵役制更能吸引那些潜在的黑人士兵——征兵人员眼中的一个重要来源——种族主义在名义上已经整合完毕的美国军队里的任何残留都应被清除干净。

增加晋升机会是实现真正平等的一个根本措施。由此，五角大楼极力劝说美国黑人，使他们相信军旅生涯能为他们提供其他社会生活领域所不具备的向上流动的前景。随着志愿兵役制的实施，更多的非裔美国人被西点军校、安纳波利斯海军学院和美国空军学院录取。很多人被提升为陆军将军或海军将军。学者们注意到，武装部队是美国唯一一个黑人可以向身边的白人发号施令的地方。它指出了非裔美国人和美国军队之间的新契约。这一契约让迫切希望军人能回归到服从传统并恢复

## 后秩序

其政治惰性的政治机构非常认可并深表感激。

从本质上讲,新的安排建立在两个心照不宣的条件之上:首先,白人政治精英和极少数黑人将继续指导国家安全基本政策,决定何时何地发动必要的战争;其次,实际作战由一批黑人占比很高的指挥官负责。

1989年,老布什提名黑人军官科林·鲍威尔将军担任美国参谋长联席会议主席。该提议在美国参议院获得一致通过。这种默契达到了前所未有的高度。鲍威尔被认为是巴拉克·奥巴马之前的奥巴马(Barack Obama before Obama):冷静、自信、镜头感十足。他被提升到美国军队的最高层似乎表明最起码在美军内部已经实现了种族平等。

仅仅两年时间,沙漠风暴行动就赋予了这一任命更大的意义。行动开始后,鲍威尔就主动解释这场最新战争的重要性。在此之前,这完全是只属于白人的权利。这就好比是突然有一天第一夫人走向国会讲台发表国情咨文。

海湾战争刚刚结束几个星期,鲍威尔就应邀在美国以色列公共事务委员会(American Israel Public Affairs Committee,AIPAC)发表演讲,介绍海湾战争的基本情况。这一机构对一个现役军官而言是一个不同寻常的场所。鲍威尔告诉参会人员:"美国大兵通过他们在战场上的英雄主义行为以及无私的

## 第6章 以前为何而战，现在为何而战

牺牲精神向全世界展示了什么是真正的美国。"这场越战以来最大的战争充分表明美国又回到了正轨。

沙漠风暴表明，美国仍是一个超级大国。我这样说不是为了吹嘘，只是想表达一个事实。作为一个超级大国意味着什么？它意味着哪里有警报，哪里就有美国。当我们的朋友遇难求助时，美国不会坐视不管。事实上，只要我们做得够好，美国的朋友就永远不用打求助电话。

正像在"二战"中，美国再次成为一名解放者。正如在冷战期间，美国再次成为和平的捍卫者。然而，在谈及海湾战争展示了什么是真正的美国的时候，鲍威尔不仅仅赞扬了美国的军队，还表达了他对美国例外论的高度认可：美国既是一个独一无二的国家，又是一个被他国主动要求而领导世界的国家。

这完全是白人精英的言辞。

在1993年9月30日举行的退休仪式上，鲍威尔重温了这些主要问题。"世界上有抱负的国家都信任美国。"他这样告诉那些崇拜他的听众。

他们需要美国。他们需要我们的政治领导。他们需要我们的经济实力。他们需要我们的价值体系，并将其视为学习的榜样。他们需要我们的军事力量。他们需要我们维持秩序和防止侵略的军事承诺。

这也是白人精英的言辞。

从一开始，美国的权力上升就主要是由白人完成的。有远见、有雄心甚至有些残酷的白人——总统们、将军们、探险家们、先驱者们、实业家们——构想并指引这个国家的成长。在美国大规模扩张国土、积累实力、创造财富的过程中，白人公民是主要的受益者。现今，这位美国历史上最有影响力和知名度的黑人军官完全支持美国的发展和壮大。这就解释了我们为什么要捍卫所有美国人，无论肤色如何，都认为自己属于的那件东西。

在美国生活的很多方面，种族问题现在是，以后也会是争论的来源。但是一旦涉及美国在后冷战世界里的国家角色——伪装成仁慈领导人的全球霸主——种族问题似乎一夜之间就不复存在了。这就是鲍威尔将军留下的重要遗产，这一遗产在短短十年多的时间里注定会结出有毒的果子。

## 我们为什么要打永无止境的战争

就像 2008 年巴拉克·奥巴马当选美国总统一样，表象可

## 第 6 章 以前为何而战，现在为何而战

以掩盖更为复杂的现实。尽管鲍威尔做出过乐观的预测，可是海湾战争刚一结束，警报就拉响了，而且再也没有停过。为了应对紧急事态，美国军队一直处在奔波当中，不仅仅是在波斯湾，还在非洲之角、巴尔干地区和中亚。鲍威尔退休仅仅几天后，在随后被宣布为"黑鹰坠落"（Black Hawk Down）的事件中，一小支陆军游骑兵部队在与索马里武装分子的交火中遭受了一次不大但却代价高昂的失败。索马里武装分子才不会把美国视为"学习的榜样"呢。鲍威尔的期望——只要我们做得够好，美国的朋友就永远不用打求助电话——仍然是一个白日梦。

20世纪90年代，美国开启了一个长达数十年的肆无忌惮的干预主义时期。该时期最起码持续到2020年的令人难熬的春夏之际。这一时期的标志性事件是美国在2003年主动挑起的伊拉克战争。作为针对"9·11"事件而发动的全球反恐战争的最重要的组成部分，伊拉克战争具有很大的争议性。然而，从后特朗普，后疫情，黑人的命也是命运动的角度看，与那场战争特别有关的一点是："自由伊拉克行动"代表了一种不顾一切维护聪明人权威和声誉的努力。这些聪明人对于掌管美国国家安全机构已经习以为常。此时，该词汇在很大程度上仍与白人和男性同义。

聪明人也曾有过非凡的战绩。"二战"结束后不久，军事

## 后秩序

政治家乔治·马歇尔（George Marshall）、国务卿迪安·艾奇逊（Dean Acheson）和国防部长罗伯特·洛维特（Robert Lovett）等杰出人物一起创立了一个全新的国家安全概念。毫无例外，在冷战初期，决定美国政策走向的高级官员都是同一类人，有着相同的肤色。

到了 20 世纪 60 年代，以迪恩·腊斯克、罗伯特·麦克纳马拉、麦乔治·邦迪为代表的下一代决策者却误入歧途。他们制定的与越南战争有关的政策使整个国家陷入了巨大的痛苦。随后，一个略有收敛的团队——亨利·基辛格（Henry Kissinger）、兹比格涅夫·布热津斯基（Zbigniew Brzezinski）、乔治·舒尔茨（George Shultz）和布伦特·斯考克罗夫特（Brent Scowcroft）——在越南战争之后成功地重构了美国的力量。在此过程当中，他们也恢复了这个高资质、自选性团体的集体权威。

随着科林·鲍威尔这个具有象征意义的黑人加入他们的行列，他们也恢复了被越战严重破坏的美国自信。这一点在美国派往波斯湾的部队"一劳永逸地将越南综合征踢开之后"得到了充分的证实。加上 1989 年柏林墙的倒塌，海湾战争把国家安全官员的威望提升到了一个新的高度。普通公民无须担心国家安全、美国的安危或者美国的世界地位：一个几乎全部由白

## 第6章 以前为何而战，现在为何而战

人组成的精英团队能够很好地处理这些事情。

"9·11"事件暴露了这些政策精英的疏忽大意，当然，没有一个人会主动承认自己玩忽职守。为了掩盖他们的集体失职（也是每个人的失职），小布什总统在描述这一时刻时使用了与弗兰克·卡普拉近似的话。2001年9月20日，小布什总统出席国会联席会议时严厉谴责发动袭击的人。他宣称，"我们以前见过他们这种人"。

他们与20世纪所有的残暴思想一脉相承。他们通过牺牲人的生命来实现自己的极端愿景，他们可以抛弃除权力意志以外的所有价值。他们走的是法西斯主义、纳粹主义和极权主义的道路。他们会一直沿着这条路走下去，直到终点：由遗弃的谎言筑成的历史无名冢。

这是"二战"的重演。没有必要问我们为何而战。问题本身就是答案："9·11"事件开启了另外一场自由之战，这个时刻不需要反省，只须做该做的事。

在世贸中心仍在冒烟的时候，那些自诩为马歇尔、艾奇逊和洛维特继承者的人就开始催促美国政府入侵伊拉克。支持这样做的还有另外一批人——拥有巨大影响力的媒体人。当然，他们也都是白人。在前一类人中最为突出的是副总统切尼和国防部长拉姆斯菲尔德以及拉姆斯菲尔德的副手保罗·沃尔福威

## 后秩序

茨（Paul Wolfowitz）。在后一类人中最为突出的是《纽约时报》的大卫·布鲁克斯（David Brooks）和托马斯·弗里德曼（Thomas Friedman）、《华盛顿邮报》的理查德·科恩（Richard Cohen），《名利场》的克里斯托弗·希钦斯（Christopher Hitchens），《旗帜周刊》的马克思·布特（Max Boot）、罗伯特·卡根（Robert Kagan）和威廉·克里斯托尔（William Kristol），《国家评论》的里奇·劳瑞（Rich Lowry）、《纽约客》的乔治·帕克（George Packer）以及著名博主安德鲁·沙利文（Andrew Sullivan）。在没有任何证据表明伊拉克总统萨达姆·侯赛因与发生在纽约和华盛顿的恐怖袭击有关联的时候，这些人就迫不及待地想把他赶下台。这样做带有明显的种族色彩。

总而言之，伊拉克是一场白人的战争。策划这场战争的人是白人。扮演吹鼓手，大力向美国公众宣传这场战争的新闻记者也都是白人。虽然在其他事情上意见不一，这些名义上死对头——一个拥有权力的群体和一个负责对掌权者监督问责的群体——这一次在使用武力问题上意见是一致的。他们都想通过武力维护他们共同支持的美国目标（America's purpose）。

响应历史的召唤，这种要成为全球无可置疑的领导者的想法并不是来自奴隶的后代。它也不是美国原住民、墨西哥移民或者亚洲劳工的手笔。那些一直以来操控美利坚帝国（Ameri-

## 第6章 以前为何而战，现在为何而战

can Empire）的人毕业于哈佛大学、普林斯顿大学、耶鲁大学和西点军校，他们都明白这是一项白人的事业。虽然有色人种也可能被要求代表这个帝国参战，但美国白人永远是战争的最高指挥官。

像切尼、拉姆斯菲尔德和沃尔福威茨这样的高级官员在"9·11"事件之后立刻意识到，这一事件不仅对这个帝国构成了威胁，而且对自己的权威也构成了威胁。他们在政治圈内的地位完全取决于他们所声称的能够维护美国安全的专业知识。现在，对纽约和华盛顿的袭击完全扯掉了这块遮羞布。他们的巨大失败也危及了前任官员花几代人时间精心建立起来的公信力。因此，整个国家安全的大厦——将切尼、拉姆斯菲尔德和沃尔福威茨放到权力高位的一系列安排——正在摇摇欲坠。

因此，无论萨达姆和基地组织的关系已经不再是重点。如果不做出有力的回击，美国宣示的全球首要地位就会变得脆弱不堪。同样，这些人的职业地位也会受到影响。使用压倒性军事力量消灭萨达姆不仅能够向世界再次表明什么是真正的美国，而且还能不失时机地巩固这些高级官员的地位。正是这些高级官员在奥萨马·本·拉登发动恐怖袭击时睡着了。

推进这项任务的是科林·鲍威尔。这样做，搭上了他的个人声誉。

后秩序

## 背黑锅的黑人

从本质上讲，鲍威尔厌恶风险。现在，作为小布什总统第一任期的国务卿，他对入侵萨达姆·侯赛因的伊拉克充满疑虑。作为一名曾经的军人，他非常清楚如果战争不能顺利开展的话，会出现怎样的军事和外交上的负面结果。作为这个国家最高层级的外交官，他担心，如果美国在没有得到联合国授权的情况下开战，这些结果将会变得更糟。

20世纪40年代晚期和50年早期的第一批聪明人对联合国表示出了应有的尊重。最新一代的聪明人则将这个世界机构看成自己的麻烦。不管有没有联合国安理会的同意，他们都倾向于利用伊拉克发表一份声明：蔑视美国会招致灭亡。由此，布什政府在开启联合国有关授权程序时极为不情愿。

美国想按照自己的规则行事，可这个世界没有那么好骗。如果有人能劝说安理会同意美国入侵伊拉克，从而实施最近刚刚颁布的有关战争预防的布什主义（Bush Doctrine）的话，鲍威尔似乎是最佳人选。作为一个尚有迟疑的战士，一个因正直

## 第6章 以前为何而战，现在为何而战

而享有巨大声誉的人，他最起码在联合国能组织起一个严肃的听证会。在非常多样化的联合国大厅里，他的种族身份会提高他的地位。

2003年2月5日，鲍威尔在安理会其他成员国（和全世界的电视观众）面前，痛陈伊拉克对国际和平与安全造成的严重而紧迫的威胁。他说，要求伊拉克遵守联合国安理会决议。销毁大规模杀伤性武器的尝试已经失败，所有的战争替代方案都已用尽，因此使用武力变得正当和必要。没有其他可能的结论，鲍威尔也由此赌上了自己的职业声誉。"我今天所说的每一句话都有依据，可靠的依据，"他在会议中讲到，"这些不是主观臆断。我们今天向你们展示的是建立在可靠情报之上的事实和结论。"

最终证明，鲍威尔说了假话。经过核查，他对伊拉克威胁的描述即使没有全错，最起码也是有误导性的。支撑这些指控的情报完全是编造出来的，建立在半真半假和彻头彻尾的谎言之上。最终，安理会成员国没有被说服，拒绝授权美国出兵伊拉克。鲍威尔曾经是一名优秀的军人，这次，他同样听从了总司令的命令。可是，他因说谎而受损的个人声誉却永远没有恢复。

小布什总统核心圈子里的鹰派人物并不为鲍威尔在安理会

的失败感到遗憾。恰恰相反，他们欢迎这种失败。布什政府现在有资格说：我们要求了，他们拒绝了。所以，我们现在别无选择，只能做该做的事。世界唯一超级大国的地位给美国带来了一种自以为是的权威，这种权威足以使白宫在做任何决定时都有充分的法律和道德依据。在布什政府眼里，联合国已经变得多余。

鲍威尔本人也是如此。尽管根据政府的组织架构图他是布什政府核心圈子里的一员，但切尼、拉姆斯菲尔德和沃尔福威茨都对鲍威尔不屑一顾。他缺乏热情，"9·11"事件之后，他的野心远没有那些人那么大，他甚至都不能完全理解他们的野心。鲍威尔和他们不是一伙的。因此，在他们看来，鲍威尔的个人声誉受到损害也不是一件坏事。随着美国第一位黑人国务卿名声扫地，他们面前再无阻碍。他们打算孤注一掷。

"二战"之后，第一代"聪明人"仅仅是想把美国变成同侪之首（Primus Inter Pares）。他们在小布什政府内的继任者却有着更大的目标：他们希望美国能够成为绝对的老大。

建立这样的世界新秩序并不像想的那样困难。聪明人把美国的军事优势视为一件理所当然的事。美国副总统切尼期望，伊拉克人只要有机会就一定会张开双臂欢迎被他们视为解放者的美国军队，并欣然接受美式自由民主。在一些人眼里，这

## 第6章 以前为何而战，现在为何而战

些都是合情合理的假设。因此，在鲍威尔从安理会铩羽而归的6个星期之后，聪明人就发动了他们盼望已久的战争。自由伊拉克行动——一个体现战争设计者幻想的名字——开始了。

灾难随之而来。实际上，用灾难这个词都不足以形容伊拉克战争的后果。由不同族裔组成的美国军队付出了天大的代价。毫无疑问，那些当初为这场战争摇旗呐喊的人没有一个因自己的错误判断而丢掉性命。随着时间的流逝，他们当中的很多人又恢复了活力。那些犯过错的白人学者展现出了令人惊讶的掩盖既往的能力。几年之后，他们仍然活跃在星期天的早间谈话节目中，并在《纽约时报》和《华盛顿邮报》的社论版上发表文章，大放厥词。与此同时，即使美国遭受了数万人的伤亡和数万亿美元的损失，但它几乎没有实现任何目标。

随着战争的延长，美国黑人越来越不愿意参军入伍。志愿兵役制本身就取决于年轻人对我们为何而战的理解。参军已经成为个人选择，不再是个人义务。在这方面，伊拉克战争促使更多可能当兵的美国黑人选择说"不，谢谢！"。然而，这场战争的种族因素在很大程度上被忽视了——即使是在一位黑人成为总司令的时候。

后秩序

# 掌舵的黑人

2008 年，伊拉克战争仍在进行。当年的总统选举为美国选民提供了一个清晰的选择。共和党提名亚利桑那州参议员约翰·麦凯恩（John McCain）参加大选。作为美国精英传统的体现，麦凯恩致力于赢得这场战争，无论代价如何。民主党则提名伊利诺伊州参议员巴拉克·奥巴马为总统候选人。奥巴马不仅年轻、聪明、充满魅力，而且是黑人。

早在伊拉克战争爆发之前，奥巴马还没登上国家政治舞台的时候，他就谴责入侵伊拉克的想法是草率和愚蠢的。提名他作为总统候选人隐含表达了结束伊拉克战争、走另外一条道路的期望。在这种背景下，总统候选人的黑人背景意味着美国有意愿重新评估它在冷战后全球秩序中的地位。黑人背景还意味着有意愿去质疑那些假设。

说到美国的世界角色，大选需要回答的问题对所有人而言都很清楚：美国人是否确认在过去几十年中形成并发展起来的全球领导地位？或者，作为对伊拉克战争的回应，他们是否会

## 第 6 章　以前为何而战，现在为何而战

放弃这种想法并接受改变？最终，绝大多数人把票投给了变革。令人没有想到的是他们得到的变革比他们预期的还要多。

在成为美国第一位黑人总统之后，奥巴马没有放弃美国在"二战"结束以来形成的地位。他的意图在关键职位的任命中展露无遗——留下了现任国防部长并任命一位曾投票支持入侵伊拉克的好战的前参议员为国务卿。罗伯特·盖茨（Robert Gates）和希拉里·克林顿（Hillary Clinton）都忠于美国在"二战"和冷战后形成的以军事力量强化其全球霸权的传统。奥巴马所选择的副手乔·拜登（Joe Biden）也是如此。

新任总司令也迫不及待地表明了自己对这一传统的默许。在他上任的第一年，驻阿富汗的美军人数就增加了两倍。多年来，阿富汗战争的重要性一直排在伊拉克战争之后，现在奥巴马将它带到了前台。虽说奥巴马没有改变小布什总统有关在 2011 年 12 月之前从伊拉克撤军的承诺，但事实证明，美国只是短暂地结束其在伊拉克的作战任务。2014 年中，美军重返伊拉克，这次的目标是基地组织的分支机构伊斯兰国，和 2003 年解放伊拉克不同，这次行动的使命是为了抢救一个因推翻萨达姆·侯赛因后建立起来的摇摇欲坠的政权。

批评奥巴马外交政策的人总为一些小事喋喋不休。值得注意的是，美国在"9·11"之后发动的战争仍在继续。奥巴马总

## 后秩序

统的行动充分表明，他不会背离有关什么是真正的美国的公认结论。就这个问题如果还有人有疑问的话，就看看奥巴马政府是如何打着解放的旗号发动另一场全新战争的。这次行动的目的是推翻利比亚领导人穆阿迈尔·卡扎菲（Muammar Gaddafi）。希拉里·克林顿对此次行动的最终结果有一个戏谑的评价："我们来了。我们看见了。他死了。"这句评价既露骨又残酷。她省略了一句话："只有他去死才能满足我们的目的，因此他必须得死。"在这里我们看到，在进入 21 世纪之后，美国动用武力所遵循的精英标准依然没有改变。这一标准可以追溯到白人定居者强行把北美印第安人赶出自己土地的时期。在美国第一位黑人总统治下，这个标准一点都没有改变。

在他的第二任期，为了摆脱过去政策的束缚，奥巴马确实采取了几项新举措。这其中就包括在 2016 年签署了《巴黎气候协定》、就伊朗核问题签订了一个多边协议以及准备彻底放弃已经奉行了几十年的孤立古巴的政策。然而，上述措施都随着奥巴马任期的结束戛然而止。

几乎没有人注意，在奥巴马总统卸任之后一个庞大的价值 1.7 万亿美元的项目仍在执行。该项目旨在用新型弹头、轰炸机、潜艇和导弹装备美国的核武库。冷战期间，美国政策的设计者就尝试说服自己——以及美国人民——国家的安全和生存

## 第 6 章 以前为何而战，现在为何而战

取决于一支庞大的随时能战斗的核打击力量。奥巴马曾公开表示支持废除核武器。但具有讽刺意味的是，美国核武器的超杀伤力已经成为他留下来的一项永久遗产。

今天，军工复合体的成员已经转向设计和制造 B-21"突袭者"远程战略轰炸机、哥伦比亚级战略导弹核潜艇、新一代陆基洲际弹道导弹以及更加灵活和可用的弹头系列。这些武器的生产者延续了 50 年前的传统。50 年前，美国花大力气设计和制造氢弹、B-52 同温层堡垒战略轰炸机、北极星核潜艇以及包括 3 万件核武器的庞大武器库。

奥巴马总统卸任时，所谓的"邪恶帝国"（Evil Empire）苏联已经成为遥远的记忆。长期征战和经济困顿也使美国这个自由帝国——用杰斐逊的话说——破败不堪、身心憔悴。但是，"聪明人"留下的作品，具有全球投射能力的军队、庞大的海外基地网络、高额的军费开支以及大量的武器出口，依然完好无损。奥巴马在担任总统的 8 年间没有实施甚至没有阐明一个可用于替代在"二战"结束后构建起来的国家安全范式的新方案。因此，他默许了旧有范式的长期存在。

后跋序

# 不再知道为何而战

在临近2016年总统大选的时候,一个新词进入了美国的政治词典:无休止战争(Endless War)。毫无疑问,这个词可能会让一些人觉得言过其实。因为美军频频入侵、占领、改造他国并惩戒行为乖张的政权,更准确地归纳恐怕首先会是几乎不断,随后是不间断的,最后是目的不明的。无论如何,到2016年,一种印象已经深入人心:没有明确目的但却旷日持久的战争已经成为美国生活中不可改变的事实。这种印象在当年的总统大选中扮演了不小的角色。

大选中对阵的两个人一个是希拉里·克林顿。她是一位白人女性,其履历无比光鲜。另一个是唐纳德·特朗普。他是一位白人男性、商业大佬兼电视主持人,不具备担任高级官员的明显资质。

希拉里是建制派的候选人,建制派指望她维持传统的国家安全政策。特朗普是广大民众的候选人,广大民众在2016年的时候已经对传统的国家安全政策丧失了信心并把目光转向了特

## 第 6 章 以前为何而战，现在为何而战

朗普所宣称的让我们远离无休止的战争。对于特朗普的支持者而言，国家安全精英已经丧失了被信任的权利。他们的抱怨与种族、性别或性取向这些热点话题无关，他们的抱怨事关能力：尽管资质耀眼，但这些马歇尔、艾奇逊和洛维特的 21 世纪的继任者显然缺乏公众所期盼的能力。

希拉里的主张必定落败。她对海外冒险主义的坚定支持不可能让她改弦更张。希拉里的失败象征着人们摒弃了建制派所主张的一切。这件事的梦幻程度相当于假设在 1948 年 哈里·杜鲁门输给了亨利·华莱士（Henry Wallace）。华莱士曾任美国副总统，他对苏联的宽容态度（以及美国共产党对他的支持）令建制派强硬分子感到惊恐。

我们还不清楚特朗普的胜选能否带来一个全新的外交政策的替代方案。虽说这位新总统主张"美国优先"（America First），但他就职以来那些毫无原则、飘忽不定和自相矛盾的行为使人很难真正理解这句话的含义。特朗普只在三个方面表现出了一致性：首先，决意推翻奥巴马留下的任何政治遗产；其次，决意增加军费开支，不管有无必要；再次，痴迷自身能力，相信自己可以在与外国领导人的直接对话中达成协议。

然而，最重要的一点是，特朗普没有兑现有关结束无休止战争的誓言。"我们为何而战"仍是一个没有明确答案的问题。

## 后秩序

2020 年春夏两季为解决这一缺陷提供了机会。面对险些击垮整个国家的新冠肺炎疫情大流行、经济下滑以及在全国范围内引发反种族歧视浪潮的警察杀害黑人男子和妇女的案件，特朗普的唯一回应就是推责卸责。他还公开与白人民族主义站在一起。这样一来，这位总司令就丧失了他仅存的一点道德权威。

由此，一个美国历史上最独特的时刻出现了：一个与众不同的黑人观点有机会成为未来美国全球政策的基石。作为第一个担任美国参谋长联席会议主席的黑人，科林·鲍威尔接受了白人有关美国世界角色的定义。这样做为他赢得了美国精英的赞誉，同时也毁掉了他的声誉。作为美国的第一位黑人总统，巴拉克·奥巴马没有放弃通过武力维持美国全球领导地位的范式。这样做把唐纳德·特朗普送入了白宫。

现如今，美国建制派已经名誉扫地，特朗普也没有制订出任何有价值的政策替代方案。由此，确立新的行动路线的机会已经到来。新的行动路线会考虑到种族在国际事务中日益重要的角色和作用。姑且把这种方式称为"黑大于白"（Black over White）。

在这种方式的指引下，20 世纪殖民帝国（包括美国）所犯下的罪行不再被认为比 20 世纪极权主义者所犯下的罪行更可恶。观察事物时，不能再以集中在欧亚大陆的大国竞争为视角，应该更多地看到第三世界人民所遭遇的剥削和困苦。

政治精英们一度蔑视第三世界，"第三"意味着"不那么重要"，并带有种族从属的含义。不要再以捍卫和平为由发动战争，"黑大于白"意味着对平等、社会正义和真正和平的庄严承诺。

目前，黑人的命也是命运动优先考虑的是其他问题，并没有打算重新评估"聪明人"的所谓的杰作。然而，解决国内的种族主义问题需要以批判的眼光审视美国的全球政策。这些政策也受到了最新产生的或深藏于历史的种族主义观点的玷污。任何真正致力于系统性社会变革的运动都必须重新评估和修正美国在世界上的角色。

"二战"期间，弗兰克·卡普拉拍摄的《黑人士兵》以黑人为叙述者，将"二战"说成了一场追求自由的战争。但是，电影回避了一个重要的事实，即"二战"也是一场维护国内外种族等级制度的战争。今天，这种好莱坞式的造假已经不再可信了。

在 21 世纪的美国，传统的等级制度正在崩塌。推动社会走向多元文化的力量是不可阻挡的。由此，美国人口的发展趋势很有可能指向一个将于 21 世纪中期出现的占多数的少数族裔。到那时，国家安全机构很可能会发现自己已经无事可做了。

## 后秩序

如果我们为何而战这个问题能再度引起人们的关注,美国人既不会对弗兰克·卡普拉的刻意回避感到满意也不会对科林·鲍威尔安抚人的老话感到满意。与此相反,马丁·路德·金甚至埃尔德里奇·克里弗所讲的那些残酷的事实也许更能启迪我们的思想。

# 第 7 章

## 与你的帝国吻别

## 第 7 章　与你的帝国吻别

有效帝国管理手册包含三个基本原则：第一，不要侵略俄罗斯；第二，分担成本；第三，返利。

19 世纪初，由于违反了第一条原则，拿破仑·波拿巴（Napoleon Bonaparte）失去了法兰西第一帝国皇帝的宝座，法国也不能再称为欧洲大陆强国。在 20 世纪，阿道夫·希特勒犯了同样的错误：他的千年帝国（Thousand-Year Reich）在宣告成立不到 10 年的时候崩塌。此时，距离德国国防军（Wehrmacht）入侵苏联还不到 4 年。

在日不落帝国时期，英国就展现了超凡的应用第二条原则的能力。迟至"一战"，大量加拿大人在西线服役，澳新军团士兵（Anzacs）在加利波利半岛（Gallipoli）驻扎，印度人遍布中东地区，南非黑人和白人士兵在非洲活动，所有这些人都听命于一个他们很少有人见过的人——英国国王及印度皇帝。甚至爱尔兰人也为王室服务。1941 年，皇家爱尔兰步枪队（Royal Irish Rifles）、皇家英尼斯基林燧发枪队（Royal Inniskilling

# 后秩序

Fusiliers）和皇家爱尔兰燧发枪队（Royal Irish Fusiliers）组成了英国远征军的一部分。他们被部署在法国，参加了最初的交战。有人甚至会说在1917年和1939年以后，早已独立多年的前北美殖民地纷纷赶来拯救他们以前的主子。

直到"二战"后，这些帝国臣民的忠诚才日渐枯竭。由此，大英帝国也逐渐落下了帷幕。

至于所谓的好处，将荣耀、战利品和获利的错觉结合在一起就足以在大后方获取臣民的服从。但这只在帝国运行良好的时候才管用。臣民们需要相信帝国会给他们带来好处。这就是第三条原则的实质。当伤亡名单很长，工作机会很少，肚子空空的时候，高唱"德意志，德意志，高于一切！"或者"统治吧，不列颠尼亚！"就会失去吸引力。

无视这些帝国管理法则，你就可能会和你的帝国吻别。这也是在2020年大动荡横扫美利坚帝国的时候，美国国家安全精英所面临的困境。

# 第 7 章　与你的帝国吻别

## 在运行（特别）好的时候

在某些方面，到底有没有这样一个帝国仍是一个有争议的话题。一些事实但远非全部：回溯到一个多世纪以前，在墨西哥、中美洲和加勒比海地区以及整个太平洋地区，人们纷纷谴责"扬基帝国主义"（Yankee Imperialism）。在 20 世纪 60 年代，古巴革命的支持者和反对越南战争的人将美帝国主义（American Imperialism）视为万恶之源。自冷战结束以来，很少有专门研究美国海外政策的学者否认美利坚帝国的存在。目前只在它的性质、模样、目的、前景等议题上存在分歧。

然而，在这个国家的首都，人们依然不习惯承认这一点。在那里，政治家、外交官、将军和建制派的辩护者依然坚持这样的看法：所谓的美利坚帝国与罗马帝国和大英帝国——这两个有历史的相似度——不一样，因此，它根本不能被称为一个帝国。从表面上看，美国的权力是自成一体的。广而言之，掌控这些权力的人可以利用他们的专属特权随意解释如下行为的含义：囤积武器，在国外驻军以及做出轰炸、入侵或占领的决定。

## 后秩序

拜登总统不会承认美利坚帝国的存在，尽管正在努力修改其前任对帝国造成的破坏。

然而，最终导致2020年出现各种不幸的诸多事件表明，如果美国再否认帝国的存在，它就会加快灭亡。只有撕掉美国不受帝国诱惑干扰的伪装，它才不会重蹈覆辙，犯下导致当前危机的错误。美国忽视有效帝国管理三原则的做法会让自己陷入危险境地。

在我们帝国的鼎盛时期，也就是从1945年"二战"结束到2003年美国入侵伊拉克这段时间，华盛顿的决策者们很好地，如果不是完美地，秉承了这三条原则。

鉴于俄罗斯联邦（当时的正式名称为苏维埃社会主义共和国联盟）体量庞大，冷战后的美国战略家明智地抑制了任何追随波拿巴或希特勒脚步的冲动。在苏联于1949年获得核武器后，除遏制战略以外，美国已没有其他方案可选。在整个冷战期间，第一条原则都神圣不可侵犯。

对苏联实施遏制战略要求美国将大量美军无限期地部署在海外，规模之大。在西欧，盟友们纷纷挺身而出，分担美国的负担。如果北约能够获得"史上最成功联盟"的称号，那是因为从20世纪50年代一直到80年代，北约成员国能够充分认识到坚持第二原则事关集体和自身安全利益。在国内的美国人需要知道这个国家的小兄弟们正在承担他们应有的份额。虽然这需要巧妙调整那些用来衡量实际作战能力的指标——欧洲军队往往有军费投入不足的问题——美国的北约盟友确实为遏制战略的有效实施奉献了自己的力量。因此,西欧事实上被纳入战后的美利坚治世是一件双方都乐见其成的事。

至于第三条原则,美国在"二战"后有着世界独一无二的经济环境,这使得美国人民不必权衡枪支和黄油之间的关系。维持"美利坚治世"的确给大后方增加了额外的负担,"和平时期"的军事开支比历史上的任何一个时期都要高。但是,这些成本都是可控的。从冷战一开始,华盛顿的决策者就认为,美国的工业在保证美国人民享有充足的黄油和其他大量消费品的同时能够生产出足够的枪支。这一观点最终被证明是正确的。

国家安全委员会第 68 号(NSC-68)文件是一份 1950 年编写的秘密政策文件,它为美国的战后大战略提供了蓝图。文件指出,"二战"证明美国经济能在提供高标准的生活的同时为民用消费以外的其他目的提供大量资源。冷战表明经济繁荣与扩大的国家安全紧急状况兼容。当然,并不是所有人都能平等地享受高标准生活,但这足以说服大部分美国人,在大多数时间,这个帝国是值得拥有的。

20 世纪 60 年代,美国社会出现部分坍塌;暗杀、战争、动

## 后秩序

乱、经济困顿。这引发了人们对"美利坚治世"长期前景的怀疑。参议员乔治·麦戈文（George McGovern）在参加1972年美国总统大选时就喊出了"回家吧，美国"的口号。在选举当天，他只赢得了一个州和总计17张选举人票。虽然美国人希望早日结束越南战争，但他们还没有准备好放弃他们的帝国。

志愿兵役制的创立使美国不再依赖征兵制。此后，美国两党都将永久的"美国治权"（American Imperium）视为理所当然的事。即使在柏林墙倒塌之后，由冷战的危急情况所引发的全球态势也没有受到人们太多的关注。在1992年举行的柏林墙倒塌后的第一次总统大选中，有关美利坚帝国的问题根本就不是讨论的焦点。

参选的双方，时任总统乔治·赫伯特·沃克·布什（George Herbert Walker Bush）和阿肯萨州州长比尔·克林顿（Bill Clinton），在很多问题上意见不一。但在一件事上他们步调一致：美国必须不间断地行使全球领导权（美国政府对帝国的委婉说法）。

退出这个世界或无视这个世界的危险对我们国家而言是错误的。这么做会损害我们要实现的目标……在全世界范围内捍卫自由和推进民主不仅仅反映了我们的根本价值观，它们还攸关我们的国家利益……事关重大，因为共产主义的倒塌不是一个孤立事件。它只是全球向民主迈进的一部分，其结果将决定下一个世纪的面貌。

这是克林顿的想法。但它也可能是布什、专家学者、电视名嘴、国会议员以及任何一位蓄势待发的总统候选人的想法。他们所有人都宣称具有破解历史终结目标的能力。

## 三条修正方案

作为第一位出生在婴儿出生潮时期的美国总统，比尔·克林顿将自己看作一个推动根本性变革的人，自认为有责任把美国带入一个新历史时期的黎明。在他取得的众多成就中，不小的一个是给"有效帝国管理"带来了一种与众不同的新方式。克林顿没有废除在冷战时期盛行的三原则。相反，他针对冷战结束后的新形势设计出了三个修正方案。

如果说克林顿的帝国管理方式有一个主题，那就是约翰尼·默瑟和哈罗德·阿伦所唱的老歌《强调积极》（*Ac-Cent-Tchu-Ate the Positive*）。墨瑟的歌词强调"把阴郁降到最低""把快乐蔓延到最大"。热情洋溢和善于投机的克林顿在这两方面

## 后秋序

都有极高的禀赋。他对两场没有按照剧本进行的小规模战争的应对就很好地说明了这一点。

1993年10月,在克林顿担任总统的第一年,叛乱分子在索马里首都摩加迪沙伏击了一支美国游骑兵部队。在随后的交火中,18名美国士兵阵亡,73名受伤,另有一名被俘。美国精锐部队遭受如此大的损失令美国民众一片哗然。一个以人道主义救援任务开始的干预行动不知不觉中变成了一场血腥的武装冲突。克林顿在电视上向震惊不已的国民介绍当时的情况——更准确地说,混淆和推卸责任。

"从某种意义上说,"他解释道,"我们来到索马里是为了拯救那些房子着火后仍身处其中的无辜平民。我们已经扑灭了大火,但闷烧的余烬仍在。"事实上,克林顿政府鲁莽地在这些余烬上浇了汽油。美国在联合国的支持下试图在索马里建立由西方设计的政治秩序,这激起了索马里对外国军队的武装抵抗。摩加迪沙街头的战斗就是一个直接的结果。

这场发生在非洲之角一个小国的冲突成为克林顿第一任期的一个意外。为了防止进一步的损失,他命令美国的外交官与索马里叛军就临时停火问题展开谈判,以便为美国悄悄撤离索马里争取时间。撤离发生在1994年3月,白宫没有就此事发出正式通知。最后一位离开现场的美国军官告诉记者说,"我

## 第 7 章 与你的帝国吻别

建议你趁早离开这里"。此时，克林顿已经把注意力转向了其他问题。因此，确实将"阴郁降到了最低"。

1999 年爆发的科索沃战争是另外一场打着"人道主义"幌子的干预行动。此次战争充分表明了克林顿把"快乐蔓延到最大"的能力。指挥这次行动的美军将领最初预计战争只会持续三到四天。但塞族武装拒绝投降，他们的地面部队展现出了惊人的适应力，极大地影响了美国和北约部队的空袭效果。迫不得已，联军部队连续 78 天对包括贝尔格莱德在内的大片塞尔维亚国土进行了高密度轰炸。在美国威胁动用地面部队之后，米洛舍维奇最终屈服了。

随着塞族部队的撤离，科索沃解放军（Kosovo Liberation Army）立即开始了种族大清洗，其目的是将生活在科索沃的 25 万塞族人和罗姆人赶出科索沃。克林顿刻意回避了这些不光鲜的细节，并将战争的结果描述成一次史无前例的军事和道德胜利：一场更安全的世界取得的胜利、一场民主价值观取得的胜利、一个更强大的美国取得的胜利。这纯属胡扯，典型的克林顿风格。

在美国所经历的大大小小的战争中，索马里冲突给美国带来的尴尬堪比 1814 年发生在巴尔的摩附近的麦克亨利堡围城。这两次事件后来都被神化为不朽事件。麦克亨利堡防御战最终

## 后秩序

成就了一首国歌。发生在摩加迪沙的战斗造就了一部畅销书和一部热门电影。至于在科索沃对塞尔维亚人的胜利，我们可以把它比作1898年的圣胡安山战役（Battle of San Juan Hill）。任何因胜利而获得的赞誉都会很快被更大的军事发展掩盖，并被人们抛到脑后。

发生在摩加迪沙和科索沃的冲突（以及其他使用武力的小冲突）导致克林顿在有效帝国管理的原则之上添加了三条事实上的附加条款：第一，避免使用地面部队；第二，依靠空中力量；第三，在可能的第一时间宣布行动成功，不要回头看。简而言之，使用炸弹，不让士兵流血，用象征性的行动取代决定性的结果。

克林顿的三条修正方案，有时也被称为克林顿主义（Clinton Doctrine），在政治上对他帮助很大。它们在帮助克林顿，这位美国三军总司令，塑造其意志坚定形象的同时又避免将国家拖入越南式的泥潭。然而，作为理性政策的基石，这些修订要么不着边际，要么充满幻想。实际上，"9•11"事件之后的战争导致这些修订被强制废除。

从帝国管理的角度看，克林顿在担任三军总司令的时候错失了很多良机。从索马里和科索沃冲突中汲取教训之后，克林顿政府变得不再那么致力于强调正面、消除负面。这两场小规

# 第7章 与你的帝国吻别

模冲突在背景和细节上各有不同,可以为我们提供互补式的警示。摩加迪沙的情况是这样的:在城市环境中与非正规军对峙时,为常规作战而优化的美军处于严重劣势。科索沃的情况是这样的:即使在技术上比美军落后很多的敌军也能玩出很多花样。然而,认真对待这些警示就意味着质疑美国军事力量的优势。在20世纪90年代,无论白宫还是五角大楼都不愿意这样做。

如果克林顿政府能够牢记摩加迪沙和科索沃的教训,克林顿卸任后入侵阿富汗和伊拉克的美军也许能够更好地应对在这两个战场上碰到的意外情况。在这种情况下,美利坚帝国至少可以减少它在随后的"无休止战争"中遭受的损失。

战争偏离轨道,变得无休无尽,克林顿并不负主要的责任。但是,他也不能完全逃脱干系。允许美国在冷战后第一个十年里梦游的就是克林顿。当新的威胁正在形成的时候,他还沉浸在美利坚帝国坚不可摧的幻想中。

## 日子不好过的时候

比尔·克林顿的继任者对他的这三条修正可没什么耐心。

## 后秩序

"当我采取行动时，"小布什在"9•11"事件发生后几天对几位参议员说，"我不会用一枚价值200万美元的导弹去炸骆驼的屁股和一顶只值10美元的空帐篷。只要采取行动，就得是决定性的行动。"

布什总统在说不会用导弹去炸骆驼屁股的时候，他在暗讽克林顿对针刺式空袭的偏好。作为总司令，克林顿极其厌恶风险。"9•11"事件之后，布什总统的做法更加糟糕：他对风险视而不见，并用整个帝国做抵押疯狂下注。他不仅拒绝接受克林顿的三条修订方案，而且还完全无视有效帝国管理的三原则。

当然，布什并没有真的派兵去俄罗斯。然而，他试图"解放"伊拉克（甚至在阿富汗战争正在进行的时候），这在功能上与前者相当。1812年，拿破仑•波拿巴希望利用自己的军事天赋和那支经验丰富、斗志昂扬的军团克服所有的障碍。在1941年巴巴罗萨行动（Operation Barbarossa）开始时，希特勒的德国国防军同样是一支经验丰富、斗志昂扬的军队，虽说元首的指挥才能远不及拿破仑。然而，在上述的两种情况中，入侵者每一个都自不量力。最初的成功并没有带来决定性的胜利，它所导致的是一场耗损实力的消耗战。

2003年入侵伊拉克的美军也遭遇了类似的命运。没有人质疑美国空军、陆军和海军的战斗力。虽说美军将领的指挥才

## 第 7 章　与你的帝国吻别

能不及拿破仑的水平，但仍比希特勒高出好几个级别。即便如此，伊拉克战争的结局仍是灾难性的。不像那些连莫斯科都没进去的法国和德国兵团，美军倒是攻入了巴格达。可是，占领巴格达之后却发现，这所谓的成就压根就没有任何战略意义。

小布什总统的自由伊拉克行动等同于拿破仑和希特勒试图征服俄国的愚蠢行动。幸运的是，自由伊拉克行动的规模没有那么大。一个共同的错误将这三件事串联在了一起：毁灭一个帝国最快的办法就是让其盲目扩张。1812 年的拿破仑和 1941 年的希特勒犯下的就是这样的帝国错误。2003 年的布什也是如此。这些领导人中没有一个认识到他们的帝国已经发展到了极限。他们都没有意识到永不满足、贪得无厌的巨大危险。

根据第二条原则，精明的帝国管理者都会找到分散成本的方法。1991 年，小布什的父亲在海湾战争中就给人们上了一堂大师级的课。正如在老布什政府里担任过国务卿的詹姆斯·贝克（James Baker）所说，"我们有其他人为战争埋单"。美国劝说其盟国为自己分担 610 亿美元总开支的行为还被人戏称为凑份子行动（Operation Tin Cup）。不过，老布什政府的努力没有白费，美国的盟国共计承担了大约 80% 的花费。科威特和沙特阿拉伯这两个沙漠风暴行动的直接受益者各自出资 160 亿美元，日本出资 100 亿美元，德国出资 64 亿美元，阿

## 后秩序

联酋出资 40 亿美元。

这些国家如此慷慨，不是因为它们有仁爱之心，而是因为它们认为即使冷战已经结束，美利坚治世仍符合它们的利益。由此，它们乐意以支付账单的方式维持美利坚治世的存在。

"9·11"事件之后的情形与此形成了鲜明对比。没有出现凑份子二号行动。到 2019 年底，这些冲突的累计成本已达 6.4 万亿美元，统统被记到了美国纳税人的账上。德国、日本、沙特阿拉伯、科威特或其他被认为是"美利坚帝国"受益者的国家都没有站出来主动分担美国的负担。一个直接的结果便是，美国的国家债务冲破了房顶。当小布什政府在 2001 年发动全球反恐战争时，美国的国债总额是 5.8 万亿美元。到 2019 年底，它就变成了 2001 年的 4 倍，而且预计在未来几年，每年还会增加数万亿。

当然，华盛顿的一些人并不认为债务问题是个大问题。在 2020 年大动荡之前，美国人还能指望最起码会有一个政党站出来呼吁实现联邦预算平衡，并通过相关动议。现在，新冠肺炎疫情大流行使两党形成了一个新的共识：只有胆小鬼才在乎财政责任。

"美利坚帝国"的管理者认为没有哪种货币可以取代美元成为世界储备货币。他们这样想，下的赌注实在是太大了。即

## 第 7 章　与你的帝国吻别

使这种假设是对的——并不是每个人都同意——巨大的预算赤字也揭示了帝国的管理不善以及优先事项的错位。如果不出意外的话,累积债务会扭曲资源的分配。例如,美国现在每年要偿还国债利息 6000 亿美元。这笔钱比美国国立卫生研究院(National Institutes of Health)每年下拨的研究经费的 15 倍还要多。

如果没有这么大的偿债负担,美国国立卫生研究院应对新冠病毒大流行的准备工作会不会更好?我们永远不会知道答案。即便如此,流向债权人的资金和用于公共卫生的资金之间的巨大差异也充分表明了国家的优先事项放在了哪儿。在冷战结束的几十年里,失控的成本没能阻止美国国会为了支撑美利坚治世而不顾一切地抛金撒银。预测那些在未来可能对美国人民的福祉构成直接威胁的要素不是美国政府优先考虑的事项。

至于第三条原则,在"9·11"事件之后,越来越难以证明美利坚帝国正在改善普通百姓的生活。来自极左派和反干涉主义右派的批评更加大胆和直接,美国"永远战争版"的全球领导地位可能是美国精英以牺牲普通百姓利益为代价实施的骗局。美国政府的重要人物痛斥这一指控是卑劣的诽谤。然而,他们的反驳言辞空洞、表意模糊,完全回避了令人不安的事实。在难以证明追求全球领导地位使普通人受益的情况下,他们使

## 后秩序

用了混淆视听的做法。简而言之,他们在骗人。

2020年的大动荡就像恼人的雾霾一样笼罩全美,政治欺骗也随之成为一个主要话题。特朗普总统喜好胡言乱语、夸大其词、妖言惑众。这种嗜好理所当然地成为国家丑闻。可是,在特朗普登上国家政治舞台之前,那些更受人尊敬的正人君子也经常就美国在世界上的作用发表不实之词。这也相当于撒谎,其影响之坏无异于特朗普所做的天气暖和后病毒就会消失的白痴预言以及有关新冠肺炎治疗方法的蠢话。

这样的例子有很多。现在就拿一位前国务卿希拉里·克林顿的话为例。在国务院,她说:

> 我们工作在一个由半个世纪以来美国卓越的全球领导地位塑造的国际化环境之中。这种全球领导地位根植于我们最宝贵的价值体系。该体系能够将共同利益放在首位并把全世界团结在一个更和平、更繁荣的愿景之下。如何在未来半个世纪里继续确保和维持这种领导地位是我工作的重中之重。这是因为它不仅对美国国内的繁荣和安全至关重要,而且还关系到这个日益复杂的、彼此联系更加紧密的世界。

## 第 7 章　与你的帝国吻别

希拉里所提到的前半个世纪包括：猪湾事件和古巴导弹危机，推翻和暗杀南越总统吴廷琰（Ngo Dinh Diem），秘密轰炸老挝和柬埔寨（非美国交战国），与萨达姆政权结成默契同盟，支持阿富汗"自由战士"（这些人后来对美国本土发动大规模恐怖袭击。随后，代价高昂且一塌糊涂的阿富汗战争和伊拉克战争就打响了）。以上所列事实在希拉里大谈特谈"卓越的美国全球领导地位……根植于我们最宝贵的价值体系"时恐怕都没有资格被提及。

希拉里国务卿的骗人行径与特朗普相比毫不逊色。她不是第一个也不是最后一个玩这种骗人把戏的人。2011 年 10 月 2 日，希拉里就在美国进步中心（Center for American Progress）的演讲中以令人宽慰的语气谈到了美国例外论。台下的听众都是华盛顿的圈内人，希拉里演讲正是他们想听的话。自然，他们以热烈的掌声回应了希拉里的演讲。

该智库或在其他十几家类似的华盛顿智库参加活动的人是否真的相信这些观点呢？或者说假装相信是为了其他目的，比如，维护自己的特权或者保持现状？这些问题不容易回答。

但是，有一点是肯定的：在华盛顿，不接受美国全球领导地位这种话术的人一定会受到压制。批评帝国的左派人士诺姆·乔姆斯基（Noam Chomsky）以及右派人士帕特里克·布

## 后秩序

坎南（Patrick Buchanan）就是这样的例子。他们可能不会被美国政府禁言，甚至他们的演讲还有可能吸引大量的听众。可是，在华盛顿，听众的数量并不能转化为影响力。如果你质疑美国例外论以及反对美利坚帝国，在外交机构人员聚集的地方你就会成为一个不受欢迎的人。这就是乔姆斯基和布坎南的命运。

这也有助于解释为什么建制派人士无论在特朗普是总统候选人的时候还是当选总统之后都对其心怀厌恶。在与外交政策有关的问题上，他似乎非常乐意违反例外论的基本原则。不管他有什么缺点，他都是一位敢于公开指出帝国没有穿衣服的皇帝。

特朗普自诩为交易大师，他抨击美利坚帝国是一笔亏本买卖，美国人民为其付出太多，却没有得到什么回报。至于用什么来取代美国全球领导地位，并使其成为新政策的核心原则，特朗普本人也不知道。但是，特朗普是一个离经叛道的人，拒绝接受任何条条框框的约束。他甚至想用纽约房地产圈的"不能少了我那份"（where's-my-cut）取代原有的教条。

特朗普是美国外交政策建制派的梦魇。然而，他特立独行的反帝国主义风格在普通美国人中大受欢迎，美国民众早已对帝国失去了兴趣。到了 2020 年，对于担心生病、失业或成为似乎不可磨灭的种族主义受害者的人而言，卓越的美国全球领导地位显然根植于我们最宝贵的价值体系的说法已经不再是他们日常关注的问题了。

大动荡的出现为清点数十年来由帝国管理不善导致的损失提供了完美机会。当然,外交政策建制派人士自然不想抓住这个机会。他们一如既往地把自己的利益置于国家利益之上,一心想通过继续否认帝国的存在来防止它的解体。美国人民将因此付出越来越大的代价,这一点几乎是确定的。

# 第 8 章

# 至关重要的历史

## 第 8 章 至关重要的历史

"历史便是此时,此地——英格兰,"诗人 T. S. 艾略特(T. S. Eliot)在 1942 年写道。现在不是了。对今天的美国人而言,历史就是我们,它是流动的。过去必然以我们的故事为中心,但故事正在发生变化。

至少在 2020 年之前,被绝大多数美国人看重的历史特别强调 1914 年至 1989 年这个阶段。在这个阶段里,美国占据世界舞台的中心,身上闪耀着孤独的光辉。

在前国防部长拉姆斯菲尔德著名的已知的已知(Known Knowns)、已知的未知(Known Unknowns)和未知的未知(Unknown Unknowns)分类中,至关重要的历史(History That Matters)占据了特殊的位置。这个位置由被神话的已知构成——那些本应受到质疑但已被广泛当成事实的"已知"。

在绝大多数美国人条件反射式认同的被神话的已知中,有一个最为突出:历史要有清晰的轮廓、方向和目的;历史要有使命,被神化的已知促使世界普遍接受与美国价值观无异的价值体系；为了传播那些价值，历史赋予了美国独一无二的责任和特权。

至关重要的历史无意将整个美国故事的每一个细节都囊括其中，它只浓缩了美国历史的所谓精髓。像十诫一样，它确定了具体的应该和不应该。有如《登山宝训》(Sermon on the Mount)一般，它规定了一套行为准则。如此操作，历史便能为我所用。它在政治演讲中不断被重复，在流行文化中不断被强化，这种可以为我所用的教训规定了美国应该做什么、不应该做什么。

这种为我所用的历史在一种直截了当的叙事中找到了新归宿，即20世纪是由美国的作为（或不作为）塑造的第一个美国世纪（First American Century）。虽说也谈到了挫折和失败，但整个叙事的高潮部分仍是令人欣慰的胜利。在了解到，总体而言，事情正朝着正确的方向发展后，美国人心满意足。

该剧分三幕上演，每一幕都围绕着一场大规模的军事行动。

第一幕是发生在1914年至1918年的"一战"。战争刚刚爆发时，美国人置身事外。然而，犹豫很久之后，在一位认为新世界有责任拯救旧世界的总统的敦促下，美国最终做出了参战的决定。伍德罗·威尔逊（Woodrow Wilson）宣称，美国参

## 第 8 章 至关重要的历史

战是为了实现世界的最终和平以及全世界人民的解放。这一激动人心的展望与交战双方的实际目的有着天壤之别。

这场战争既没有带来永久的和平也没有带来解放。战争一结束，美国人便换了心思。像修正主义历史学家哈里·埃尔默·巴恩斯（Harry Elmer Barnes）和查尔斯·A. 比尔德（Charles A. Beard）这样的超级学术明星就曾指出美国加入大战（Great War）是一个巨大的错误。虽然历时不长，学术界的研究还是反映了当时的情绪。然而，在修正主义历史研究失宠后，被官方认可的历史版本又再次大行其道。在这个版本中，"一战"不再被看作一场深重的灾难，反而被视为一次错失的良机。它似乎警告美国在履行自己的义务时不能犹豫，否则就会出现严重的后果。

第二幕开始自 1939 年或 1938 年或 1936 年或 1933 年——日期取决你希望大家记住的"教训"——但结束自 1945 年。"二战"为美国人提供了使他们掌握全球领导权的第二次机会。这场战争是正义与邪恶、自由与奴役、文明与野蛮、民主与独裁的对决。

这种说法既符合对"二战"的神话认知，又没有背离基本事实。但是，"二战"的意义远不止于此。它是一个赢者通吃的较量，事关太平洋的统治权、事关如何治理所谓的劣等民族、

## 后秩序

事关两种截然不同的极权主义招牌（在"二战"中暂时与美国结盟的苏联就是其中之一）。有一点不能用来定义"二战"，即它不是一场阻止种族灭绝的战争。在战争期间，欧洲的犹太人面临被纳粹德国屠杀的命运，但它并没有引起人们太大的注意。它只是在事后才被想起，并成为战争的理由。

依据唐纳德·拉姆斯菲尔德的说法，我们可以把这样的现实归类为令人不安的已知。将欧洲的解放归功于英美联盟，由罗斯福和丘吉尔在威尔士亲王号战列舰上高唱"前进，基督徒战士"而形成的联盟是一个令人振奋的故事。承认苏联红军对打败纳粹德国的贡献大得多——东欧人后来为苏联给他们带来的"解放"付出了沉重的代价——就会使问题复杂化。美国人倾向的历史版本对复杂化的东西深表厌恶。

第三幕比前两幕加起来都要长，大约从 1947 年开始，到 1989 年结束。它包括很多场景，其中不少场景很难被编入官方眼里的至关重要的历史：成千上万的核武器，与声名狼藉的暴君交好，政变和暗杀活动层出不穷，更不用说朝鲜战争、猪湾事件、古巴导弹危机和越南战争了。所有这些都很难上台面，第三幕绝对不是第二幕的好的续篇。

历史学家们也注意到了这一点。新一代修正主义历史学家，尤其是威廉·阿普曼·威廉姆斯（William Appleman

## 第 8 章 至关重要的历史

Williams）的高徒，对官方说法提出了挑战。官方把冷战定义为另外一轮正义与邪恶、自由与奴役、文明与野蛮、民主与独裁的对决。修正主义学者大胆指出，帝国主义野心已经渗透进了美国的计划。他们的观点令支持历史正统论的学者大为光火。虽然时间较短，历史再次成为大家争相解读的东西。此外，美国历史学家之间的辩论也一度引发公众的广泛关注。

冷战的结束使修正主义学者的挑战没能成功。相反，此时美国人已经习惯将历史版本披上了胜利的华服。在一片赞誉声中，一位政治科学家宣布，历史本身已经结束。也许你现在会不屑一顾，但当弗朗西斯·福山（Francis Fukuyama）的文章《历史的终结》于 1989 年夏天在《国家利益》（*National Interest*）上发表时，它受到了空前的欢迎，就好像这是一份来自上苍的判决一样。"西方和西方理念的胜利，"福山写道，"首先表现在人们无法找到任何可行的、系统性的可用来替代西方自由主义的方案。"但是，历史的轨迹和目的现在是不言自明的，就像美国非凡的独特性一样。

1992 年，在正式成为总统候选人之前，比尔·克林顿就将至关重要的历史简化为一个家庭故事。"我实际上是一个冷战的孩子。"他写道。

我父母那一代人没有太多的奢求，只想尽快走出那场世界

## 后秋序

大战，重新享受家庭、家人和工作给他们带来的简单快乐。但是……历史不会让他们喘息。一夜之间，战争中的苏联把他们卷入了一场新的斗争。幸运的是，美国的领导人富有远见、无所畏惧，他们唤醒我们这个已经厌倦战争的国家，使它迎接新的挑战。我们帮助欧洲和日本重建它们的经济，组建了一个由自由国家组成的军事联盟，捍卫了我们的民主原则不受另外一个极权主义的威胁。

克林顿在说话时充满真诚。他正在努力树立一个未来政治家的可信度，他说的话正是听众对他的期望。他肯定了他们在文法学校里学到的东西，在各种爱国庆祝会上听到的东西，也就是那份被无数电影和电视节目强化甚至神化的历史年表。如果克林顿在演讲的结尾承诺人人享有自由和正义的话，他的目的就再明显不过了。然而，这只是一种政治站位。在克林顿对历史简洁而令人宽慰的叙述中，隐约可见应对未来政策挑战的模板。

当然，历史并没有结束。当新的挑战如期而至时，克林顿的继任者又条件反射似的回到了那个熟悉的模板。在小布什总统眼里，非常有必要发动一场与那些使 21 世纪成为美国世纪的大战争相提并论的战争。"至关重要的历史"也几乎需要这样一场战争——特别是当你想成为一位至关重要的总统的时候。

第 8 章　至关重要的历史

随后的全球反恐战争实际上构成了历史前进的延续。为了强调这种延续性，一些观察家将美国对"9·11"事件的应对称为"第四次世界大战"，冷战被追溯命名为"第三次世界大战"。

哎，不管叫什么名字，第四次世界大战最终还是一团糟。虽说最初的目标是取得决定性胜利，可事实证明这样的决定只是一种幻想。实际上，在第四次世界大战进入第二个十年之前，人们仍不清楚美国如何才能凯旋。得过且过变成了家常便饭。

## 复仇的修正主义

2016 年，一位对历史标准叙述深感不满的名人成了美国总统。在成为总统之前他是一位知名的地产大亨。特朗普根本就不是一个历史课上的好学生。但是，在竞选期间，凭借着美国优先的口号，他完全颠覆了历史的正统观念。

几十年前，美国优先者的历史地位与那些在 1776 年反对美国独立的托利党人（Tories）的地位差不多。在有些地区（包括我的母校西点军校），一些南方邦联将军仍受到人们的尊重，虽说他们在与北部联邦军队作战时曾杀害成千上万的美国士兵。那些在珍珠港事件之前反对支持英国抵抗纳粹德国的人也不例外。贩卖正统思想的人认为这些美国优先者的行为是不可理喻的,他们所追寻的事业也是无法令人接受的。

在担任总统期间,特朗普做了很多骇人听闻的事。他重新打起美国优先的旗帜可能算不上最坏的一件,但很可能是最具颠覆性的一件。在美国的历史进程中,美国例外论包含两个主题:首先,美国要成为典范;其次,美国要传播自由。无论有意还是无意,特朗普建议用第三个主题换下前两个主题:作为一项特权,美国例外论规定在任何交易中,美国人都应得到超出他们份额的东西。美国不再允许别人占自己的便宜,美国不再允许有人搭便车,美国不再允许狡诈的外国人耍弄自己。也就是说,这是被剥离了道德内容的美国例外论。

特朗普由此踢开了某种历史修正主义的大门。这种修正主义很快就使哈里·埃尔默·巴恩斯、查尔斯·A.比尔德、威廉·阿普曼·威廉姆斯等人所做的一切黯然失色。特朗普毫不掩饰自己对老一套的道德标准的蔑视,这激怒了一直在努力捍卫美国例外论老传统的那帮人。作为一个意外的副产品,它使任何人都能站出来质疑"美国实验"(American experiment)的道德基础。

修正主义者也毫不示弱,据理力争。在态度上,他们有些

## 第 8 章 至关重要的历史

过激和傲慢。20 世纪的修正主义来源于知识界的边缘地带（包括右翼和左翼），名声不太好。新修正主义早在 2020 年之前就已崭露头角，当时它主要的支持者是美国乃至世界最具影响力媒体《纽约时报》。不费一枪一弹，修正主义者就占据了建制派的一个主要堡垒。

这种 21 世纪的新修正主义有着特朗普的典型特征：傲慢与鲁莽。它不仅将炮口对准"美国世纪"，还改写了有关美国建国的叙事。对于新修正主义者而言，美国在走向世界大国的过程中所经历的考验和磨难不再是真正重要的历史。相反，相关的历史从 1619 年写起，当时第一批非洲奴隶刚刚抵达殖民时期的弗吉尼亚。此后的一切都始自这一重要时刻。

根据《纽约时报》的"1619 项目"（1619 Project）：随后在这里所建立的美国的任何一个方面都离不开从 1619 年开始的奴隶制以及在奴隶制被废除之后的制度化种族主义的影响。该项目的明确目的是通过将奴隶制的后果和美国黑人的贡献置于我们国家叙事的中心来重构美国的历史。

只是没有明说，"1619 项目"是对 2017 年 8 月在弗吉尼亚州夏洛茨维尔（Charlottesville, Virginia）挥舞提基火炬（Tiki Torch）游行的白人种族主义者和新纳粹分子的回应。这些人在游行中高呼："你们不会取代我们！"为此，《纽约时报》回

## 后秩序

答道，也许不是取代，但请你们把自己在美国等级制度中的位置下调一个。

更为大胆的是，该项目竟然对国家政治合法性的根基提出了质疑。被正式称为美利坚合众国的美国的合法性来自1776年革命，1776年革命是为了追求不可剥夺的公民权利，特别是对自由的承诺。那些不言而喻的真理能够确认革命的正当性。妮可·汉娜·琼斯（Nikole Hannah-Jones），该项目的负责人，却不这样认为。她认为有关国家政治合法性的说法纯属胡言乱语，"殖民地纷纷要求独立的一个重要原因是殖民者想保护他们的奴隶制。"简而言之，美国独立革命的目的不是争取自由而是拒绝自由。

这样做的目的不仅仅是构建一种新的历史叙事，而且是建立一种新的历史意识。这种修正主义已经到了惊人的地步。

对于历史学家协会而言，"1619项目"既是打在他们脸上的耳光，也是他们地位下降的见证。实际上，不仅仅是专业协会遭遇了危机。2020年席卷美国各大城市的骚乱似乎验证了"1619项目"的各项假定。在这里，受到自下而上的推动，实时展现在我们面前的是一种与至关重要的历史完全不同的认知。

第 8 章　至关重要的历史

## 推倒雕像

无论推出什么产品——一首歌、一部电影、除臭剂新产品、一种理念——时机代表一切。也许是因为天才的设计，也许是因为好的运气，"1619 项目"出现的时机无可挑剔。

在特朗普总统嘲笑旧的正统史观时，《纽约时报》及时送来一个助攻。到 2020 年春夏两季，种族问题再次成为美国政治的焦点问题。多起警察暴力事件，尤其是 5 月 25 日发生在明尼阿波利斯（Minneapolis）的乔治·弗洛伊德（George Floyd）被杀事件，彻底击碎了在奥巴马时期形成的后种族社会的幻象。与黑人的命也是命运动相伴而生，"1619 项目"为人们提供了一个合理、强大的历史环境，使其能够更好地理解这些令人不安的事件。

对美国历史的反思为合理解释 2020 年所爆发的各种事件提供了背景。从媒体对种族主义的谴责声浪（伴有各种美德的标榜）来看，大多数美国人——不，更准确地说美国白人——所笃信的历史，现在被证明是由一个又一个暴虐的故事组成

## 后秩序

的。因此，赎罪成了当务之急。

因此，纪念南部邦联将军和士兵的雕像纷纷被拆除。克里斯托弗·哥伦布（Christopher Columbus）和胡尼佩罗·塞拉（Junipero Serra）的雕像也是如此，以前，这些可都是受人尊敬的人物。除此之外，大大小小的机构也在竭尽全力消除与奴隶制和种族主义的瓜葛。位于纽约市的美国自然历史博物馆（American Museum of Natural History）的负责人下令移走西奥多·罗斯福的一尊骑马像，原因是这尊雕像含有等级因素：罗斯福骑在马上，一个印第安人和一个非裔美国人在地上跟着走。美国国家橄榄球联盟（National Football League）下属的华盛顿红皮队（Washington Redskins）因涉嫌歧视和冒犯美洲原住民改名为华盛顿美式橄榄球队（Washington Football Team）。在普林斯顿大学，纪念曾任该校校长和美国总统的伍德罗·威尔逊的伍德罗·威尔逊公共和国际事务学院（Woodrow Wilson School of Public and International Affairs）被改名为普林斯顿公共和国际事务学院（Princeton School of Public and International Affairs）。伍德罗·威尔逊的种族主义观点和政策抵消了他职业生涯的其他方面。

对一些观察家来说，这种迫不及待的清洗让人想起战后由众议院非美活动调查委员会和参议院约瑟夫·麦肯锡搞的红色构陷

## 第 8 章 至关重要的历史

（Red-baiting）。可以预见的是美国知识界成员挺身而出（非常令人钦佩），谴责这些强加给知识分子的思想顺从。

但是，把眼前的问题定义为自由思想和政治正确思想的分歧，忽视了一个完全不同的、可能更为关键的层面。将"1619项目"和"黑人的命也是命"运动叠加在一起重新定义美国的过去必定导致对美国世界角色的全新塑造。

占主导地位的旧的叙事在特朗普导致很大混乱之前就一直盯着外部世界。它将美国行使全球领导权置于其他关切之上。管理世界才是这个国家最优先的事项。虽说没有彻底忽视国内的非正义和不公平现象，至关重要的历史将它们放在了次要的位置。

维持这些安排的美国例外论不仅涉及坚守美德，还涉及加强武装。美国的意义不仅在于它是什么，还在于它做了什么。美国在"二战"的经历和冷战的结果都证实了这种独特的历史召唤。

美国例外论，无论哪种形式，能否在 2020 年大动荡后存活下来是一个可以公开讨论的问题。毕竟，"1619 项目"在《纽约时报》的加持之下宣称，美国实验本身就是在不公正中产生的。从这个视角看过去，种族主义取代自由是贯穿美国历史的一条主线。

## 后秩序

因此，这个正在形成的对"至关重要的历史"的新看法很可能促使人们向里看。美国的当务之急是改换模样，变得和以前不同。当然，在特朗普年代已经这样做了。

誓言将特朗普赶出白宫的乔·拜登也认可——或许已经证实了——这种优先事项的转变。在竞选初期，拜登仍在说那些陈词滥调，承诺恢复美国习以为常的全球领导地位。2020年8月，在接受民主党总统候选人提名后，拜登开始修订至关重要的历史的版本，不再宣称拯救世界，而是他把自己标榜为一个致力于国内复兴的人。拜登发誓要拯救这个国家的灵魂。虽说他与美国优先这种说法分道扬镳，但他的誓言暗示了他有自己版本的美国优先议程。

当然，"9·11"事件之后，在全球反恐战争、特朗普执政、新冠病毒大流行期间，政策圈内盛行的传统说法仍是拯救世界与拯救美国的灵魂并行不悖。到2020年11月的选举日，这一主张显得越来越站不住脚了。

从有人认为历史已经终结的1989年到2020年，美国遭遇的历史事件远远超出了它的消化能力。在此期间，这个国家承受了太多意外惊吓。与此同时，历史开始报复，布下各种陷阱，让美国人不知不觉地落入其中。无论用什么标准衡量——失去的生命、被毁掉的生活、破产的生意、对基本机构的信任

## 第 8 章 至关重要的历史

丧失——其代价都是极其巨大的。

以后,我们很可能还会遇到类似的惊吓。一旦摆脱了特朗普,政治精英们一定会回到他们熟悉的极其重要的历史。由此,这种惊吓是跑不掉的。此外,在美国例外论的幌子下,如果扩军备战、四处征伐再次成为美国国家政策的核心议题,我们在未来就会看到更多无谓的战争、更多资源的浪费以及更多对国内紧迫事项的忽视。当然,可能还会看到更多的特朗普。

# 结　语

## 事实，并非情感

# 结语　事实，并非情感

2002年5月，《新共和》(*The New Republic*) 杂志发表了一篇由长期在该杂志做文学编辑的里昂·维塞尔蒂尔（Leon Wieseltier）写的文章。文章篇幅很长，标题为：希特勒已死（Hitler Is Dead）。里昂·维塞尔蒂尔是一个犹太裔美国人，这篇文章也是写给犹太人的。非犹太人看完文章后也许同样会陷入沉思，但他们不是这篇文章的目标读者。

在维塞尔蒂尔博学而雄辩的文章中有一条关键信息：控制情绪。在他看来，生活在以色列和美国的犹太人正在脱离现实。"这个群体已经陷入癫狂状态，沉浸在假想的灾难之中，"他写道，"人们在智力上已经失控。死亡就在每一位犹太人的家门口。恐惧是巨大的。理性已经脱轨。焦虑成了这种状态的最好证明。失真和煽动性的类比比比皆是。"

这种焦虑的直接原因既包括哈马斯武装（Hamas）在以色列境内策划的恐怖袭击，又包括被维塞尔蒂尔称为群龙无首、朝令夕改（leaderless and inconstant）的美国政府。由此，第二

## 后秩序

次大屠杀就在眼前的说法甚嚣尘上，令人极度惊恐。一些犹太裔美国人和非犹太人甚至预测说最糟糕的情况马上就会发生。维塞尔蒂尔借用作家纳特·亨托夫（Nat Hentoff）的话形容这些人的极端预见，"如果扬声器一响，有个声音说：'所有犹太人都去时报广场集合'，这一点都不会令我感到惊讶"。

维塞尔蒂尔将这种犹太人恐慌斥为纯粹的娱乐行为，最主要的作用就是使人不再理性地分析现实。的确，反犹主义依然存在，对以色列的威胁也依然存在。这些都是不可否认的现实。但同样不容否认的是，维塞尔蒂尔指出，装备有核武器的以色列比该区域任何敌人都要更强大。至于那些生活在美国的犹太人，他们是被犹太历史宠坏了的孩子以及有史以来最幸运的犹太人。

"犹太人的忧患意识对他们的生存很有好处，"维塞尔蒂尔承认，"但是，希特勒已经死了。"言下之意，将希特勒所代表的真正邪恶当成灾祸的先兆就像把合理的警惕转化为彻底的偏执一样。这样的自我放任固然可以产生一种人为的恐惧，但它不可能使人准确地衡量现实。

"首先是现实、现实、现实，"维塞尔蒂尔劝说道，"然后才是情感。"将情感置于现实之上会给我们的安全带来风险。

结语　事实，并非情感

## 被宠坏的孩子

如果哪个民族有资格被称为被历史宠坏的孩子，它必定是那个享有特权的群体——美国人，特别是有幸出生在美国世纪来临之际的那一代人。2002年，当里昂·维塞尔蒂尔痛斥自己的同胞让恐惧凌驾于事实之上时，他应该把听众的范围扩大到全体美国人（无论是不是犹太人）。他们都需要听到这样的提醒。

当时，美国正准备入侵伊拉克。战争决策者给出的理由是，萨达姆·侯赛因对美国构成了致命的威胁，铲除他的政权是一个紧迫的道德和战略需求。这是一个典型的有关恐惧的案例。当时的这种恐惧来自"9·11"事件，并杂糅了轻率和鲁莽，它使美国不顾事实而一意孤行。但是，在美国世纪中，伊拉克战争绝不是第一个这样的例子。

对于犹太人（无论是否为美国人）和美国人（无论是否为犹太人）而言，这种将恐惧置于事实之上的做法在很大程度上源自1939年至1945年的战争，或者更准确地说，源自纳粹德

## 后秩序

国的恐怖统治。对这两个群体来说,"二战"的教训是明确且不可辩驳的:确保此类悲剧永不重演。

对犹太人而言,永不重演指的是大屠杀。由此,(对许多人来说)有必要在迦南地(Eretz Israel)为全世界的犹太人保有一个坚不可摧的庇护所。对美国人而言,尤其是非犹太裔美国人而言,永不重演指的是美国永远不能再逃避自己的责任。尽管纳粹德国将犹太人推向了灭绝的边缘,但反对纳粹的战争也使美国走向了全球权力的顶点。对以色列政府而言,永不重演意味着将生存视为治国最好的体现。对于美国政府而言,永不重演是行动的号角。

"二战"结束后不久,这种召唤就成为持久的外交政策共识的基础。这种共识源自对历史教训的总结,它的核心内容是避免重蹈 20 世纪 30 年代的覆辙。当时,各国针对希特勒与日俱增的威胁没有做出迅速且有力的反应。由此,美国决定永远放弃孤立主义。它强大的武装力量会随时待命。它决不姑息敌人。它将援助那些战争的受害者。它将抵制邪恶。

冷战期间,这些"二战"带给我们的教训为后来很多代价高昂的决定铺平了道路,这其中就包括 1950 年对朝鲜战争的干预以及 1965 年全面卷入越南战争。哈里·杜鲁门和林登·约翰逊两位总统都曾使用所谓的"二战"教训为自己的行动辩护。

结语　事实，并非情感

即便如此，那些安于现状、坚守"永不重演"原则的人仍在固守"二战"带给我们的教训。因此，2015 年的《联合全面行动计划》，也就是众所周知的伊朗核协议，刚一签署就引发了广泛争议。人们纷纷将伊朗比作纳粹德国，将巴拉克·奥巴马比作英国首相兼大绥靖者内维尔·张伯伦（Neville Chamberlain）。在 21 世纪的第二个十年，历史会不断重演，首先是悲剧，然后是闹剧的至理名言再次实时上演。

## 去除糟粕

2020 年大动荡本身就是对集体行动的呼唤，也促使我们反思把恐惧或自我满足置于事实之上的后果。希特勒的确已经死了，他所制造的恐怖早已散去。与此同时，造就美国世纪的环境亦是如此。现今，美国世纪也已经死了，等待它的也许只有一个体面的葬礼。

美国人现在面临的挑战——假设他们仍致力于实现美国宪法序言中所列出的目标——是一种全新的秩序。本书所确认的那些最为突出的挑战贯穿经济、技术、军事、地缘政治、历史

## 后秋序

和思想等各个领域。其中一些,例如美国种族主义长期遗留下来的问题,是美国独有的。其他挑战,例如新冠病毒大流行或气候变化,则是全球性挑战。

2020年累积下来的各种危机正是这些挑战的具体体现。与此同时,这些危机也转移了人们对这些挑战的关注。随着新冠疫情死亡人数的增加以及失业率的飙升,困顿的民众意识到事情正在逐渐失去控制。但是,两大政党对民众的焦虑无动于衷。

唐纳德·特朗普毫无争议地获得共和党对其连任的支持充分体现了共和党的道德沦丧。虽说诸如绿色新政(Green New Deal)这类的创新方案让急躁的进步派人士屡屡占据头条,但民主党选择一位职业政客对阵特朗普暗示了中间派仍在牢牢地控制着局势。乔·拜登是一个安全的选择。

但是,他在人们眼中并不是一个能鼓舞人心的人。也许,人们会感谢他赢得2020年11月份的总统大选,但却找不到任何理由来庆祝他的胜利。

一个几乎处于自由落体状态的国家需要在两个人之间做出选择:一位是现任总统,针对可能出现的灾难没有采取任何措施;另一位是政坛老兵,经常语无伦次,胡言乱语。

欧内斯特·布洛赫(Ernest Bloch)这样描述1940年的法国,"如今那些为我们当家做主的人……是在精神沼泽中长大的"。

## 结语 事实，并非情感

这一判断完全适用 2020 年的美国政治机构。

逃离这些沼泽可不是件容易的事。就像法国总参谋部在德国国防军准备进攻时仍消极备战一样，美国两党中的主要派别以及评论界最有影响力的人物仍被禁锢在一个保守的思维框架内。不过，仍有可能确定一些基本原则，推动美国朝更积极的方向发展。

当务之急是确认优先事项。在可预见的将来，领导这个世界将不得不让位于修补这个国家。法国军队在 1940 年就曾假设下一场战争会和上一场战争一样，这为他们的失败埋下了伏笔。美国领导人依然坚信因冷战结束而形成的世界权力格局会永远存在下去，这会让他们在将来的某一天迎来类似的结果。在国内进行自我修复不仅需要美国承认自己作为世界唯一超级大国的短暂时光已经结束，还要承认随着唯一超级大国地位的终结，美国现在所面临的困难是在 1989 年难以想象的。

除非美国人民接受每年高达数万亿美元的财政赤字，否则修复美国就必须改变财政拨款的优先方向。分配给军工复合体的自由裁量支出将大幅减少。而那些长期被忽视的与经济平等、种族公正、医疗保健和基础设施有关的优先事项将得到更多的资金拨付。

优先考虑国内需求不意味着背离世界。它意味着在与世打交道时应多关注事实而非恐惧与幻想。

## 迈向负责任的治国之道

为了取代已经失败的军事化霸权战略，美国应该朝着可持续自给自足的方向发展。作为战略的基础，可持续自给自足将使美国的行动自由最大化。它将承认正在变化的世界权力的实质和分布。与此同时，也会考虑潜在的环境巨变。

在美国出现剧烈动荡之后，单纯地修修补补是远远不够的。现在需要做的是对国家安全政策进行冷战结束以来最大规模的调整，这种调整应是全面的、系统性的。如果需要削减资金，不应从警察开始，而应从五角大楼开始。

可持续自给自足的战略优先考虑真实和直接的威胁，而非遥远和虚化的威胁。它紧盯着那些直接危及美国人民福祉的东西。它认为，无论在时间上，还是在地理上，距离的远近都与重要性相关。

这在实践中意味着什么？首先，它意味着清除伏倒在地的大树以及修剪肆意生长的灌木。几个长期以来被视为理所当然

## 结语　事实，并非情感

的海外安全承诺就为此提供了例子。

自1949年北大西洋公约组织（North Atlantic Treaty Organization）成立以来，美国就一直承诺保障欧洲的安全。现在，这种承诺已经变得不再必要。法国总统埃马纽埃尔·马克龙（Emmanuel Macron）本人就呼吁建立一个能够保障（欧洲）各方面安全的主权欧洲。可持续自给自足的战略将欢迎这一前景，它有意促使一个自由、民主和繁荣的欧洲更好地防卫自己。因此，美国应该表达在未来10年退出北约的意愿。在日后的一个适当时刻，美国欧洲司令部（United States European Command）应该宣布使命完成，然后卷起旗帜，撤离回国。

人们能怀疑小布什20年前发动的全球反恐战争已经失败了吗？全球反恐战争从一开始就是一个错误的主张。正如无数观察家，包括美国的军事指挥官所承认的那样，使用军事手段解决不了恐怖主义问题。今天在有美军驻扎的地方——例如阿富汗、伊拉克和叙利亚——所有的军事行动都缺乏大的战略理由。

认识到这个重大失败之后，以可持续自给自足为战略优先的政策将会撤回在大中东地区（Greater Middle East）的军事存在。美国中央司令部和美国非洲司令部应该关门歇业。美国将会再次把恐怖主义列为刑事问题。对该类问题拥有管辖权的不

## 后秩序

是军队，而是地方、国家和国际层面的法院以及执法机构。美国在大中东地区的政策从此将强化外交接触，不再强调军事存在，以便更好地解决问题而不是激化问题。

东亚的情况则有所不同。根据可持续自给自足的战略，美国应继续维持在那里的军事存在。在这里，据说是希波克拉底的名言"首先，不可伤害"（First, do no harm）也能适用。

亚洲地区正在面临一场即将发生的新冷战。热战发生的可能性也不能排除。美国若突然改变它在印太地区的军事态势，就有可能引发灾难。强调可持续的自给自足的战略将有助于避免这种可能性的出现。

美国和中国的关系，正如美苏领导人在冷战期间约束两国之间的核军备竞赛所表明的那样，是一种对气候、商业和技术的共同关注，是一种不算热络但也不太敌对的关系。然后，就目前而言，美国印太司令部（United States Indo-Pacific Command）将不会像美国欧洲司令部、美国非洲司令部和美国中央司令部那样面临解散的命运。

然而，更重要的是，我所建议的基本政策更多关注如何培育属于我们自己的广阔而又富饶的花园。这座一直被忽视的花园就是北美，包括加拿大、墨西哥和美国。它面积高达 954 万平方英里，拥有 5.79 亿人口。自"二战"以来，专注于欧洲

结语 事实，并非情感

和远东以及后来的波斯湾的美国决策者都或多或少地将美国大陆安全视为理所当然——美国为此在"9·11"事件中付出了沉重的代价。

因此，一个可持续的自给自足的战略应该重新确认美国的优先事项。它将重申一个显而易见的事实：发生在北美的事远比发生在欧洲、中东、非洲或东亚的事对美国人民的福祉更为重要。在美国的双边关系中，美国与加拿大和墨西哥的关系应该排在第一位。

例如，北极冰盖融化对加拿大领土主权构成的威胁与俄罗斯可能对乌克兰构成的威胁相比，前者对美国更为重要。沙特阿拉伯与伊朗的敌对关系或者以色列与哈马斯或黎巴嫩真主党（Hezbollah）的冲突相较于墨西哥政府无力打击贩毒集团并确保边境安全对美国人的影响要小得多。

因此，在取代冷战遗留下来的军事架构后，可持续的自给自足的战略应该把重心放在保证新的北美安全区（North American Security Zone）的绝对安全上。美国军队不应再被当成全球力量投射的工具，它应与加拿大和墨西哥军队一起共同维护北美安全区的完整，捍卫通往北美大陆的海上、空中和网络线路的安全。

随着军队职能的缩减，我们就能把专门用于安全的资源分

## 后秋序

配到其他领域。任务减少后，军队的开支也会下降。削减五角大楼的预算将为那些负责美国人日常安全的机构腾出更多资金。这些机构包括疾病控制与预防中心、美国缉毒局、美国国家环境保护局、联邦紧急事务管理局、美国移民和海关执法局、美国国立卫生研究院和美国海岸警卫队。这些机构都发挥着重要的、未被重视的作用，他们使美国人安居乐业、安享自由。

加强这些机构将在北美安全区内打造一种事实上的深度防御。然而，这些机构在 2020 年的预算总额仅有 914 亿美元，只占美国陆军、海军、空军和海军陆战队总拨款的 12%。可持续的自给自足的战略将修正这一差距。

可持续的自给自足并不是孤立主义的委婉说法。美国政府能够而且应该鼓励全球贸易、投资、旅游、科学合作、教育交流和良好的环保实践。在美军的海外形象变得温和之后，所有这些都可以继续。

同时，摆脱军事化的全球主义使我们有可能解决其他被忽视的需求。可持续的自给自足意味着能源独立。只要足够重视可再生资源的开发，美国就能实现对其极为重要的能源独立。为了回应新冠病毒大流行发出的警讯，可持续的自给自足将确保美国在其境内有能力筹集到用来应对任何规模的卫生紧急情况的资金。其他需求应该包括在美国国内和北美安全区内美国

## 结语　事实，并非情感

各级政府应有能力预见并应对因气候变化而加剧的自然灾害。对于醉心于领导世界的美国精英们来说，这里倒是有一个巨大的机会：美国可以领导世界，向世界展示未雨绸缪、有备无患的好处。

可持续的自给自足的战略意味着缩小海军规模，但要建立一支规模更大、能力更强的海岸警卫队。该战略意味着不再列装新的可以用来摧毁地球的核武器，转而生产对地球友好的可再生能源。该战略意味着不再花费数十亿美元开发下一代战略轰炸机——每架成本估计要 5.5 亿美元——转而升级和扩充美国国家森林局所属的森林灭火机队，以便扑灭范围和烈度都在不断扩大的森林大火。该战略还意味着不再疯狂追求一种基于消费和浪费的生活方式，转而认真履行集体义务，将一个宜居的地球留给子孙。该战略最终意味着接受人们提议的绿色新政的某个版本。

这么做的最终回报是：可持续的自给自足战略可以使一个习惯于挥霍生命和金钱的政府转变为一个致力于培育和保护的政府。

后秩序

# 不再是全能的超级大国

　　几乎每个人都有一件自己最喜欢的工艺品——小饰品或小纪念品。我最喜欢的是一份有些破旧的《纽约时报》杂志（*New York Times*），日期为 1999 年 3 月 28 日。这一期的封面上绘有一个超大的、紧握的拳头。红色和白色的条纹覆盖了手掌和手腕。手指则被染成了深蓝色，上面绘有均匀分布的白星。这是一份美国国旗的图案，被改造成了一个无与伦比的权力的象征。

　　这是一个白人男子的拳头——大拇指指端的角质层露出了苍白的皮肤。在 1999 年，白人男子早已习惯了掌控权力，这份杂志也顾及到了这种传统。对于不能理解这张图片的人来说，封面上附带的文字解读了它的含义："为了推动全球主义，美国人不能胆怯，要有一副全能的超级大国的样子。"

　　"全能的超级大国！"请停一下，想想这个强调性的说法距这份杂志启动"1619 项目"才仅仅 20 年时间。在"1619 项目"看来，美国可不是一个全能的超级大国，它在正式诞生之前就已经充满了罪恶。这两个时刻相隔了几个世纪而不是短短几十年时间。

  在冷战结束后不久的1999年，必胜主义思想仍阴魂不散，尤其是在《纽约时报》的版面上。实际上，那个时代已经走到了尽头。如果你对这一点还有什么怀疑的话，2020年的各种灾难和危急情况应该能够帮你消除这些疑惑。掩耳盗铃的做法没有任何好处。要摆脱这个充满意识形态幻想的时代，就必须认真审视那些由美国的傲慢和误判带来的可怕后果。所有这些都源自我们认为世界是我们的。

  首先是事实，然后是情感，永远没有幻想的空间。也许这样，我们还能挽救我们的国家。

# 致　谢

我自 2020 年 3 月开始写《后秩序》这本书。该书于同年 10 月完稿，所用时间比马克·布洛赫（Marc Bloch）写《奇怪的战败》（*Strange Defeat*）多了几个月。在撰写此书的大部分时间中，图书馆不对外开放，我必须充分利用手上现有的资料以及新购买的图书和网上能够搜到的信息。如果有可能的话，写这样题材的一本书应该参考更多的研究资料。但是，在我看来即使那样也不会在很大程度上影响我最终的结论。

在着手写作之前，我曾就一些可行性问题咨询过不少朋友和同事。我非常感谢凯西·布劳尔（Casey Brower）、迈克尔·德施（Michael Desch）、傅知行（Zach Fredman）、傅立民（Chas Freeman）、斯蒂芬·金泽（Stephen Kinzer）、詹姆斯·

# 后秩序

库尔斯（James Kurth）、杰克逊·李尔斯（Jackson Lears）、沃尔特·麦克杜格尔（Walter McDougall）、汤姆·米尼（Tom Meany）、保罗·迈尔斯（Paul Miles）、塞缪尔·莫恩（Samuel Moyn）、斯蒂芬·沃特海姆（Stephen Wertheim）等人。他们都为本书的写作提供了宝贵的咨询和建议。我不敢保证他们每个人都认可书中的观点，但他们对本书的成形起到了至关重要的作用。

内塔·克劳福德（Neta Crawford）、马修·佩蒂（Matthew Petti）和巴里·普莱斯（Barrye Price）为本书写作提供了一些关键数据。劳伦斯·卡普兰（Lawrence Kaplan）和戴维·沃尔什（David Warsh）提出了弥足珍贵的出版建议。斯蒂夫·布朗（Steve Brown）自我进入西点军校开始就一直是我的好友，他帮我审校了全部文稿并删除了大量不当之处。

再怎么感谢我的出版经纪人约翰·赖特（John Wright）、我的图书发行人萨拉·伯什特尔（Sara Bershtel）和我的责任编辑汤姆·恩格尔哈特（Tom Engelhardt）也不为过。与此同时，我还要感谢汉娜·坎贝尔（Hannah Campbell），她极为高效地统筹了该书的编辑和出版工作。

关于我心爱的南希（Nancy），我想说的是，我们结婚已经五十多年了，她一直是我生命中的阳光。

# 致　谢

我想把这本书献给过早离世的两位西点军校的同学。无论在军中,还是退役之后,朗尼·亚当斯(Lonnie Adams)和道格·菲茨杰拉德(Doug Fitzgerald)都象征着那些最为重要的价值观:荣耀、勇气、正直以及慷慨大度。我对他们的思念无以言表。

# 注 释

**A NOTE TO THE READER**

1. For a concise profile, see Mike Dash, "History Heroes: Marc Bloch," *Smithsonian Magazine* (November 10, 2011).
2. The quotations are from Marc Bloch, *Strange Defeat: A Statement of Evidence Written in 1940* (New York: W. W. Norton [reprint], 1968).

**INTRODUCTION**

1. Art Cullen, "Drought, Plague, Fire: The Apocalypse Feels Nigh," *Guardian* (September 15, 2020).
2. Sasha Abramsky, "The Climate Apocalypse Has Arrived," *Nation* (August 25, 2020).
3. Damon Linker, "Living Through the Apocalypse," *Week* (Septem- ber 18, 2020).
4. Annie Wiener, "An Apocalyptic August in California," *New Yorker* (August 24, 2020).

后秋序

5. Maya Weldon-Lagrimas, "Apocalypse in California—Coming to You Soon," *Yale Daily News* (September 11, 2020).
6. For a devasting summary of those failures, see Joel Achenbach, William Wan, Karin Brulliard, and Chelsea Janes, "The Crisis That Shocked the World: America's Response to the Coronavirus," *Washington Post* (July 20, 2020).
7. William D. Hartung and Mandy Smithberger, "Boondoggle, Inc.: Making Sense of the $1.25 Trillion National Security State Budget," *TomDispatch* (May 7, 2019).
8. Andrew J. Bacevich, *American Empire: The Realities and Consequences of U.S. Diplomacy* (Cambridge, MA: Harvard University Press, 2002). For the full text of Albright's interview, see the online State Department archive at https://1997–2001.state.gov/statements/1998/980219a.html, accessed April 6, 2020.
9. World Islamic Front, "Jihad Against Jews and Crusaders" (February 23, 1998), https://fas.org/irp/world/para/docs/980223-fatwa.htm, accessed April 6, 2020. This document charged, among other things, that "for over seven years the United States has been occupying the lands of Islam in the holiest of places, the Arabian Peninsula, plundering its riches, dictating to its rulers, humiliating its people, terrorizing its neighbors, and turning its bases in the Peninsula into a spearhead through which to fight the neighboring Muslim peoples."

**1. OLD, NEW, NEXT**

1. "A Time of Great Uncertainty: An Interview with Pope Francis," *Commonweal* (April 8, 2020).
2. As an example, see Glenn Kessler, Salvador Rizzo, and Meg Kelly, "President Trump Made 16,241 False or Misleading Claims in His First Three Years," *Washington Post* (January 20, 2020).
3. Joseph R. Biden Jr., "Why America Must Lead Again," *Foreign*

## 注 释

*Affairs* (March/April 2020).

4. Katie Glueck and Thomas Kaplan, "Joe Biden's Vote for War," *New York Times* ( January 12, 2020).
5. Arthur M. Schlesinger Jr., *The Crisis of the Old Order* (Boston: Houghton Mifflin, 1957), 49, 50, 54, 75.
6. "America's Changing Religious Landscape," Pew Research Center on Religion and Public Life (May 12, 2015).
7. "Biden Says He Told Foreign Leaders 'America Is Back,'" *CBS News* (November 11, 2020).
8. "Looking to the Future, Public Sees an America in Decline on Many Fronts," Pew Research Center on Social and Demographic Trends (March 21, 2019).
9. Schlesinger, *Crisis of the Old Order*, 485.
10. "The heat, generally speaking, kills this kind of virus," he told a meeting of state governors at the White House in mid-February 2020. "A lot of people think that goes away in April as the heat comes in. We're in great shape though, we have 12 cases, 11 cases, but we're in very good shape." Andrew Buncombe, "Coronavirus Outbreak: Trump Cautioned for Insisting Deadly Virus 'Will Be Gone by April,'" *Independent* (February 10, 2020).
11. John Adams, Letter to Thomas Jefferson (February 2, 1816).
12. George Orwell, *As I Please, 1943–1945* (Boston: Harcourt, Brace & World, 1968), 166.
13. This is the definition of militarism that I use in my book *The New American Militarism: How Americans Are Seduced by War* (New York: Oxford University Press, 2005), 2.
14. "The Secretary of State to the Ambassador in the United Kingdom (Kennedy)," *Foreign Relations of the United States, Diplomatic Papers 1939; General*, vol. 1, 542. The State Department sent identical notes to Berlin, Paris, Rome, and Warsaw.
15. "Bombing, States and Peoples in Western Europe 1940–1945,"

Centre for the Study of War, State and Society, University of Exeter [UK] (n.d.).
16. "Bombing of Tokyo," *Encyclopaedia Britannica* (last updated March 2, 2020); "Hiroshima and Nagasaki Death Toll," *Children of the Atomic Bomb*, http://www.aasc.ucla.edu/cab/200708230009.html, accessed April 10, 2020.
17. "Bombing of North Korea," Wikipedia, https://en.wikipedia.org/wiki/Bombing_of_North_Korea#cite_note-ROK_Web-31, accessed April 10, 2020.
18. Charles Hirschman, Samuel Preston, and Vu Manh Loi, "Vietnam- ese Casualties During the American War: A New Estimate," *Popu- lation and Development Review* (December 1995).
19. Alden Whitman, "Reinhold Niebuhr Is Dead; Protestant Theologian, 78," *New York Times* ( June 2, 1971).
20. Reinhold Niebuhr, *The Irony of American History* (New York: Scribner, 1952), 79.
21. In 1966, Niebuhr charged that "we are making South Vietnam into an American colony by transmuting a civil war into one in which Americans fight Asians while China, the presumed enemy, risks not a single life." "Reinhold Niebuhr Discusses the War in Vietnam," *New Republic* (January 29, 1966).
22. Niebuhr, *Irony of American History*, 174.
23. Quoted in Whitman, "Reinhold Niebuhr Is Dead," Niebuhr's *New York Times* obituary.

## 2. THE ECLIPSE OF THE WEST

1. James Monroe, "Annual Message to Congress" (December 2, 1823).
2. William H. McNeill, "What We Mean by the West," *Orbis* (Fall 1997), 520.
3. Winston Churchill, "Sinews of Peace [Iron Curtain Speech]," West-

minster College, Fulton, Missouri (March 5, 1946).
4. Samuel P. Huntington, "The Clash of Civilizations?," *Foreign Affairs* (Summer 1993).
5. For a sample, see the essays collected in *The Clash of Civilizations? The Debate* (New York: Foreign Affairs, 1996).
6. Bill Clinton, "Address to a Joint Session of Congress" (February 17, 1993).
7. For further elaboration on this point, see Andrew J. Bacevich, *The New American Militarism: How Americans Are Seduced by War* (New York: Oxford University Press, 2005).
8. Robert Kagan, "Power and Weakness," *Policy Review* (June/July 2002).
9. Gulf War air campaign, https://en.wikipedia.org/wiki/Gulf_War_air_campaign; Opération Daguet, https://en.wikipedia.org/wiki/Op%C3%A9ration_Daguet#Operations_%E2%80%93_air_and_naval_phase, accessed April 22, 2020.
10. John E. Peters et al., *European Contributions to Operation Allied Force* (Santa Monica, CA: RAND, 2001), Table 2–1.
11. "NATO Bombing of Yugoslavia," https://en.wikipedia.org/wiki/NATO_bombing_of_Yugoslavia; "1999—Operation Allied Force," https://www.afhistory.af.mil/FAQs/Fact-Sheets/Article/458957/operation-allied-force/, accessed April 20, 2020.
12. "Blair's War," *Frontline* documentary for PBS, produced by Dai Richards. The quoted official was Benoît D'Aboville.
13. George W. Bush, "State of the Union Address" (January 29, 2002).
14. Tony Blair to George Bush, "Note on Iraq," [July 2002], https://www.theguardian.com/uk-news/2016/jul/06/with-you-whatever-tony-blair-letters-george-w-bush-chilcot#img-1, accessed April 24, 2020.
15. "Blair Is Bush's Poodle, George Michael Sings," *Toronto Globe & Mail*

(July 2, 2002).

16. "Statement by France to Security Council," *New York Times* (February 4, 2003).
17. John Hooper, "German Leader Says No to Iraq War," *Guardian* (August 6, 2002).
18. Jonah Goldberg, "Frogs in Our Midst," *National Review* (July 16, 2002). Goldberg did not coin the phrase but proudly claimed credit for being its "most successful populizer."
19. John Hooper and Ian Black, "Anger at Rumsfeld Attack on 'Old Europe,'" *Guardian* (January 24, 2003).
20. James Naughtie, "How Tony Blair Came to Be So Unpopular," *BBC News* (July 9, 2016).
21. Stephan A. Carney, *Allied Participation in Operation Iraqi Freedom* (Washington, DC: U.S. Army Center of Military History, 2011).
22. "Private Security Contractors in Iraq: Background, Legal Status, and Other Issues," *Congressional Research Service* (September 29, 2009).
23. For illustrative purposes, see the ISAF "placemat" from February 2009, https://www.nato.int/isaf/placemats_archive/2009-02-13-ISAF-Placemat.pdf, accessed April 29, 2020.
24. Donald Rumsfeld, "Text: Rumsfeld's Pentagon News Conference," *Washington Post*, October 18, 2001.
25. Stephen M. Saideman and David P. Auerswald, "Comparing Caveats: Understanding the Sources of National Restrictions upon NATO's Mission in Afghanistan," *International Studies Quarterly* (March 2012).
26. More formally known as the UKUSA Agreement, Five Eyes provides a mechanism for sharing in the collection and analysis of highly classified intelligence traffic.
27. Biden for President website, https://joebiden.com/, accessed May 1, 2020.
28. Philip Sim, "Scottish Independence: Could a New Referendum Still Be

Held?" *BBC News* (January 31, 2020).

29. Andrew Chatzky and James McBride, "China's Massive Belt and Road Initiative," *Council on Foreign Relations Backgrounder* (January 28, 2020).
30. "Remarks by President Trump to the 72nd Session of the United Nations General Assembly" (September 19, 2017).
31. Andrew Beaton, "A Million N95 Masks Are Coming from China—on Board the New England Patriots' Plane," *Wall Street Journal* (April 2, 2020).
32. George H. W. Bush, "A Europe Whole and Free" (May 31, 1989). This was a speech delivered by President Bush in Mainz, Germany.

## 3. NOT SO SPECIAL

1. George Washington, "Farewell Address to the Nation" (1796).
2. Michael H. Hunt, *The Making of a Special Relationship: The United States and China to 1914* (New York: Columbia University Press, 1983), 24–25, 170–72.
3. Arthur Henderson Smith, *Chinese Characteristics* (Shanghai: Shanghai North China Herald, 1890), 387. Italics in the original.
4. Arthur Henderson Smith, *The Uplift of China* (New York: Church Missionary Society, 1908), xv, 48.
5. "Pearl Buck's Speech at the Nobel Banquet at the City Hall in Stockholm" (December 10, 1938).
6. "Christmas Eve Speech—Report on the Tehran Conference" (December 24, 1943).
7. Zach Fredman, "The Longer History of Imperial Incidents on the Yangtze," *Modern American History* 3, no. 1 (2020): 87–91. For more on this theme, see also Fredman's *From Allied Friend to Mortal Enemy: The U.S. Military in Wartime China* (Chapel Hill: University of North Carolina Press, forthcoming). For an excellent fictional

rendering of relations between ordinary Chinese and American sailors in China between the world wars, see Richard McKenna, *The Sand Pebbles* (New York: Harper & Row, 1962).
8. "Remarks Delivered by Vice President Mike Pence on the Administration's Policy Towards China at Hudson Institute" (October 4, 2018).
9. Quoted in Yaacov Bar-Simon-Tov, "The United States and Israel Since 1948: A 'Special Relationship'?" *Diplomatic History* (April 1998), 231.
10. "Britain's Forgotten War," *BBC News* (April 20, 2001), http://news.bbc.co.uk/2/hi/uk_news/1285708.stm, accessed May 26, 2020.
11. Ministry of Defence, "UK Armed Forces Quarterly Service Person- nel Statistics" (February 2020), https://assets.publishing.service.gov.uk/government/uploads/system/uploads/attachment_data/file/866842/1_Jan_2020_-_SPS.pdf, accessed May 26, 2020.
12. Alex Winston, "Israel Drops a Slot in 2019 Military Strength Rank- ing, Still Behind Iran," *Jerusalem Post* (August 12, 2019). Total active duty strength of the IDF is 170,000 with another 445,000 reserves.
13. For a brief description of the intelligence-sharing partnership, which includes, along with the United States and the United Kingdom, Australia, Canada, and New Zealand, see Office of the Director of National Intelligence, "Five Eyes Intelligence Oversight and Review Council (FIORC)" (undated), https://www.dni.gov/index.php/ncsc-how-we-work/217-about/organization/icig-pages/2660-icig-fiorc.
14. They were *The Gathering Storm* (2002, with Albert Finney as Churchill); *Into the Storm* (2009, Brendan Gleeson); *Darkest Hour* (2017, Gary Oldman); *Churchill* (2017, Brian Cox); and on PBS *Churchill's Secret* (2016, Michael Gambon). During that same period, Hollywood all but ignored Churchill's American contemporaries, producing no biopics about President Franklin Roosevelt or Harry Truman and just one about Dwight D. Eisenhower. *Ike: Countdown to D-Day* (2004), featuring Tom Selleck as Eisenhower, left the

American historical consciousness undented.
15. Rachel Weiner, "Winston Churchill Bust Back in Oval Office," *Washington Post* (January 20, 2017).
16. Jen Chaney, "Why *Downton Abbey* Became a Massive Cultural Phenomenon," *Vulture* (March 6, 2016), https://www.vulture.com/2016/03/downton-abbey-why-it-mattered.html, accessed June 9, 2020.
17. Lucy Baugher, "'Downton Abbey' Exhibition to Go on Tour in the U.S.," *Telly Visions* (October 14, 2017), https://blogs.weta.org/tellyvisions/2017/10/14/downton-abbey-exhibition-go-tour-us, accessed June 9, 2020.
18. For one notably assertive example, see candidate Donald Trump's speech to the American Israel Public Affairs Committee (AIPAC) on March 21, 2016, https://www.cnn.com/videos/politics/2016/03/21/donald-trump-aipac-bts-tsr.cnn, accessed June 9, 2020.
19. Michael B. Oren, *Ally: My Journey Across the American-Israeli Divide* (New York, 2015), 376.
20. "Concerned About Nuclear Weapons Potential, John F. Kennedy Pushed for Inspection of Israel Nuclear Facilities," National Security Archive (April 21, 2016), https://nsarchive.gwu.edu/briefing-book/nuclear-vault/2016-04-21/concerned-about-nuclear-weapons-potential-john-f-kennedy, accessed June 9, 2020.
21. For a detailed summary of that controversy, see "USS Liberty Incident," https://wikispooks.com/wiki/USS_Liberty_Incident, accessed June 9, 2020. For a perspective that absolves Israel of any malign intent, see Michael Oren, "The USS Liberty: Case Closed," *Azure* (Spring 2000).
22. David K. Shipler, "Israeli Jets Destroy Iraqi Atomic Reactor; Attack Condemned by U.S. and Arab Nations," *New York Times* (June 9, 1981).
23. Matthew Bell, "Jonathan Pollard, American Traitor and Israeli Hero, Will Go Free," *World* (July 29, 2015).

后秩序

24. "Iron Dome," https://en.wikipedia.org/wiki/Iron_Dome#:~:text=The%20bill%20provides%20%24235%20million, system%20in%20the%20United%20States, accessed June 17, 2020.
25. The term refers to the small-scale, recurring use of force to degrade enemy capabilities in protracted conflicts where no resolution appears possible. Efraim Inbar and Eitan Shamir, "Mowing the Grass in Gaza," *Jerusalem Post* (July 22, 2014).
26. Unable to pay cash, Israel negotiated a loan from the United States at 3.5 percent interest, repayable over ten years. Hayim Iserovich, "Hawks vs. Doves: The Story of the First US-Israel Arms Deal," *IsraelDefense* (August 8, 2018).
27. David Tal, "Symbol, Not Substance? Israel's Campaign to Acquire Hawk Missiles, 1960–1962," *International History Review* (June 2000), 304–17.
28. "U.S. Foreign Aid to Israel," *Congressional Research Service* (updated August 7, 2019), https://www.everycrsreport.com/reports/RL33222.html#Content, accessed June 19, 2020.
29. "Israel-United States Relations," https://en.wikipedia.org/wiki/Israel%E2%80%93United_States_relations#:~:text=More%20recently%2C%20in%20fiscal%20year,also%20received%20significant%20economic%20assis, accessed June 18, 2020.
30. "Funded by US, Now Israel's Iron Dome Maker Expects to Sell It Back," *Middle East Eye* (September 27, 2018).
31. Jason Sherman, "US Army Scraps $1b. Iron Dome Project, After Israel Refuses to Provide Key Codes," *Times of Israel* (March 7, 2020).
32. Michael Crowley and David M. Halbfinger, "Trump Releases Mid-east Peace Plan That Strongly Favors Israel," *New York Times* (February 4, 2020).
33. Martin Indyk, "The Middle East Isn't Worth It Anymore," *Wall Street Journal* (January 17, 2020).

# 注 释

## 4. STRANGE DEFEATS, AMERICAN-STYLE

1. *The U.S. Army in the Iraq War* (2 vols.) (Carlisle Barracks, PA: Army War College Publications, 2019). The title page of each volume lists six different editors and contributors. Volume 1 consists of 739 pages, including notes, maps, illustrations, and bibliography. Volume 2 adds another 713 pages.
2. *The U.S. Army in the Iraq War*, vol. 2, 615, 616.
3. A notable exception to this dearth of attention was "The Last War— and the Next?," a thoughtful review essay by Jon Finer in the July/August 2019 issue of *Foreign Affairs*.
4. "Joint Vision 2020," *Joint Forces Quarterly* (Summer 2000).
5. Jacob Heilbrunn, "The Rumsfeld Doctrine," *New York Times Book Review* (April 30, 2006).
6. For a concise rendering of the rise and fall of "shock and awe," see John T. Correll, "What Happened to Shock and Awe?," *Air Force Magazine* (November 1, 2003).
7. For an example of premature journalistic cheerleading, see Tom Bowman, "U.S. Demonstrates 'New Style' of Warfare in Iraq," *Baltimore Sun* (April 13, 2003).
8. For a reminder of the consequences when bombing operations went wrong, see Tom Engelhardt, "Washington's Wedding Album from Hell," *TomDispatch* (December 20, 2013).
9. Available data is at "U.S. Air Forces Central," https://www.afcent.af.mil/About/Airpower-Summaries/, accessed September 28, 2020. For additional statistics, see https://www.wired.com/2012/01/afghan-air-war/#more-65463 and https://www.wired.com/images_blogs/dangerroom/2010/12/30-November-2010-Airpower-Stats.pdf, also accessed on September 28, 2020.
10. On April 3, 2003, an Iraqi Roland surface-to-air missile downed an

Air Force A-10 close air support aircraft. The pilot survived and was recovered.
11. Neta Crawford, "Human Cost of the Post-9/11 Wars: Lethality and the Need for Transparency," Costs of War Project, Brown Univer- sity (November 2018).
12. Dan Murphy and Gordon Lubold, "US Commander in Iraq: I Need More Soldiers, More Time," *Christian Science Monitor* (March 9, 2007).
13. *The U.S. Army in the Iraq War*, vol. 2, 616.
14. General Daniel H. Berger, "Force Design 2030" (March 2020).
15. David Lartner and Aaron Mehta, "With DoD's Fleet of 2045, the US Military's Chief Signals He's All-In on Sea Power," *Defense News* (October 6, 2020).
16. "The Army's Vision and Strategy," n.d., https://www.army.mil/about/, accessed October 23, 2020.

## 5. NATURE BITES BACK

1. "Bunker Hill I (CV-17)," Naval History and Heritage Command, https://www.history.navy.mil/research/histories/ship-histories/danfs/b/bunker-hill-i.html, accessed May 3, 2020.
2. "USS Theodore Roosevelt, CVN 71," http://www.uscarriers.net/cvn71history.htm, accessed May 4, 2020.
3. "USS Theodore Roosevelt COVID-19 Cases Exceed 1,100, Navy to Decrease Reporting," [San Diego] *City News Service* (May 1, 2020).
4. A video of the send-off is at https://www.nbcnews.com/news/us-news/videos-show-sailors-cheering-navy-captain-relieved-command-after-raising-n1175946, accessed May 4, 2020.
5. Matthias Gafni and Joe Garofoli, "Exclusive: Captain of Aircraft Carrier with Growing Coronavirus Outbreak Pleads for Help from Navy," *San Francisco Chronicle* (March 31, 2020).
6. William A. Buckingham Jr., *Operation Ranch Hand: The Air Force and*

*Herbicides in Southeast Asia, 1961–1971* (Washington, DC: Office of Air Force History, United States Air Force, 1982), 10. This is the official U.S. Air Force history of the defoliation campaign. The offi- cer quoted was Lieutenant General Lionel C. McGarr, U.S. Army.

7. All Kennedy administration NSAMs, with supporting documen- tation, are at https://www.jfklibrary.org/archives/other-resources/national-security-action-memoranda-nsams.

8. Murrow's dissent is contained in National Security Action Memo- randum 178, Subject: "Destruction of Mangrove Swamps in South Vietnam," dated August 16, 1962.

9. Buckingham, *Air Force and Herbicides in Southeast Asia*, 199–201.

10. "Agent Orange" (May 16, 2019), https://www.history.com/topics/vietnam-war/agent-orange-1, accessed May 6, 2020.

11. For details, see Andrew J. Bacevich, *America's War for the Greater Middle East: A Military History* (New York: Penguin Random House, 2016), chap. 2.

12. For a book-length account of the U.S. military's recovery from Viet- nam, see James Kitfield, *Prodigal Soldiers: How the Generation of Offi- cers Born of Vietnam Revolutionized the American Style of War* (New York: Simon & Schuster, 1995).

13. "Congressional Testimony of Dr. James Hansen, June 23, 1988," https://www.sealevel.info/1988_Hansen_Senate_Testimony.html, accessed May 7, 2020.

14. John Noble Wilford, "His Bold Statement Transforms the Debate on Greenhouse Effect," *New York Times* (August 23, 1988).

15. *National Military Strategy of the United States* (January 1992), 7.

16. *National Military Strategy of the United States of America: A Strategy of Flexible and Selective Engagement* (1995), 3.

17. "National Security Implications of Climate-Related Risks and a Changing Climate" ( July 23, 2015).

18. *National Military Strategy: Shape, Respond, Prepare Now* (1997).

## 后秋序

19. *The National Military Strategy of the United States of America: A Strategy for Today; A Vision for Tomorrow* (2004), 23.
20. *The National Military Strategy of the United States of America: The United States Military's Contribution to National Security* (June 2015), 4.
21. "Gerald R Ford Class—US Navy CVN 21 Future Carrier Programme" (n.d.), https://www.naval-technology.com/projects/cvn-21/, accessed May 17, 2020.
22. For a detailed discussion, see Alexandra Homolar, "Rebels Without a Conscience: The Evolution of the Rogue States Narrative in US Security Policy," *European Journal of International Relations* (December 2011), 705–27.
23. Thomas B. Cochran et al., *Nuclear Weapons Data Book*, vol. 1, *U.S. Nuclear Forces and Capabilities* (Cambridge, MA: Ballinger Publishing Company, 1984), 15, Table 1-6. The U.S. stockpile of nuclear weapons peaked at a total of 32,500.
24. Katie Benner and Adam Goldman, "F.B.I. Finds Links Between Pensacola Gunman and Al Qaeda," *New York Times* (May 18, 2020).
25. William D. Hartung and Mandy Smithberger, "America's Defense Budget Is Bigger Than You Think," *Nation* (May 7, 2019).
26. Michael Schwirtz, "The 1,000-Bed Comfort Was Supposed to Aid New York. It Has 20 Patients," *New York Times* (April 2, 2020).
27. "When to Watch the Blue Angels Fly over Chicago, Detroit and Indianapolis Today" (May 12, 2020), https://www.cnn.com/2020/05/12/us/blue-angels-chicago-detroit-indianapolis-flyover-trnd/index.html, accessed May 20, 2020.
28. The literature is voluminous, but for a small sample, see John Schwartz, "Humans Are Making Hurricanes Worse. Here's How," *New York Times* (September 19, 2018).
29. For a primer, see Robert Richardson, "Depleting Earth's Resources," MSU Today (August 1, 2018), https://msutoday.msu.edu/news/2018/depleting-earths-resources/, accessed May 20, 2020.

注　释

30. Elizabeth Kolbert, "The Sixth Extinction?," *New Yorker* (May 18, 2009); Ariella Simke, "There Is Plastic in Your Fish," *Forbes* (January 21, 2020).
31. "Increased Drought Severity Tracks Warming in the United States' Largest River Basin," *PNAS: Proceedings of the National Academy of Sciences of the United States of America* (May 11, 2020).
32. Kaiser Family Foundation, "The HIV/AIDS Epidemic in the United States: The Basics" (March 25, 2019).
33. Centers for Disease Control and Prevention, "Climate Effects on Health" (May 14, 2020), https://www.cdc.gov/climateandhealth/effects/default.htm, accessed May 21, 2020.
34. "List of Natural Disasters in the United States," https://en.wikipedia.org/wiki/List_of_natural_disasters_in_the_United_States, accessed May 21, 2020.
35. Alistair Gee and Dani Anguiano, "We Created the Anthro- pocene and the Anthropocene Is Biting Back," *Guardian* (May 5, 2020).

## 6. WHY WE FOUGHT/WHY WE FIGHT

1. Frank Capra, *The Name Above the Title: An Autobiography* (New York: Citadel, 1971), 325–43.
2. The narrator of *Why We Fight* was the distinguished American actor Walter Huston.
3. *Why We Fight: Prelude to War*, https://www.youtube.com/watch?v=px64RgQbqOg. The entire series is available online.
4. The entire Civil War receives seventeen seconds of mention, consisting of quotes from Abraham Lincoln with the Lincoln Memorial as a backdrop. The entire film is available online at https://www.youtube.com/watch?v=dln2dQyLNVU. The U.S. Navy produced its own, less artful equivalent called *The Negro Sailor*, also online at https://www.youtube.com/watch?v=ji1aG5s9qI4.

229

5. For an image of the poster, available from Walmart, see https://www.walmart.com/ip/The-Negro-Soldier-movie-POSTER-Style-A-11-x-17–1944/115890043, accessed June 20, 2020.
6. In recognition of their generous support of the Pentagon (and despite their attitudes regarding race), for example, the U.S. Navy named one aircraft carrier (CVN70) after Representative Carl Vinson of Georgia and another (CVN74) after Senator John Stennis of Mississippi, along with a nuclear attack submarine (SSN687) after Senator Richard Russell of Georgia. None of the three qualified even remotely as an advocate of civil rights.
7. For a discussion of the CPUSA's position on race, see Timothy John- son, "'Death for Negro Lynching!' The Communist Party, USA's Position on the African American Question," *American Communist History* (no. 2, 2008).
8. Jennifer Wilson, "When the Harlem Renaissance Went to Commu- nist Moscow," *New York Times* (August 21, 1971).
9. "Special Message to the Congress Reporting on the Situation in Korea" (July 19, 1950).
10. Morris J. McGregor, *Integration of the Armed Forces, 1940–1965* (Washington, DC, Center of Military History, United States Army, 2001), chap. 17.
11. The first anti-lynching bill was introduced in 1918. Only in 2020 did the Emmett Till Antilynching Act become law. For details, see https://www.congress.gov/bill/116th-congress/house-bill/35/text, accessed June 22, 2020.
12. There were no African American general officers on active duty with the U.S. Army in 1965. In 1968, Colonel Frederic E. Davidson, who was Black, was promoted to brigadier general.
13. Gerald F. Goodwin, "Black and White in Vietnam," *New York Times* (July 18, 2017).
14. In an address delivered at the Johns Hopkins University in April 1965,

President Lyndon Johnson offered his administration's justifi- cation for the Vietnam War. For the text of this important speech, see http://www.lbjlibrary.org/exhibits/the-presidents-address-at-johns-hopkins-university-peace-without-conquest, accessed July 6, 2020.
15. Bob Orkand, "I Ain't Got No Quarrel with Them Vietcong," *New York Times* ( June 27, 2017).
16. Martin Luther King, "Beyond Vietnam—A Time to Break Silence" (April 4, 1967).
17. "To My Black Brothers in Vietnam," *The Black Panther* (March 21, 1970).
18. For a concise narrative, see David Cortwright, "Black GI Resis- tance During the Vietnam War," *Vietnam Generation* (1990), https://digitalcommons.lasalle.edu/cgi/viewcontent.cgi?article=1052&context =vietnamgeneration#:~:text =The%20stron gest%20and%20most%20militant,with%20greater%20deter mination%20and%20anger, accessed June 25, 2020.
19. For a vivid contemporary account, see Colonel Robert D. Heinl Jr., "The Collapse of the Armed Forces," *Armed Forces Journal* ( June 7, 1971), 30–37.
20. "Special Message to the Congress on Draft Reform" (April 23, 1970).
21. Sheila Nataraj Kirby et al., "Diversity and the Success of Entering Classes at the U.S. Service Academies," RAND National Defense Research Institute (Santa Monica, CA, 2010).
22. Charles C. Moskos and John Sibley Butler, *All That We Can Be: Black Leadership and Racial Integration the Army Way* (New York: Basic Books, 1997).
23. "Senate Confirms Powell," *New York Times* (September 23, 1989).
24. "The Arms for War and the Hope for Peace" (March 19, 1991), https://www.c-span.org/video/?17156–1/arms-war-hope-peace, accessed June 28, 1991.
25. "Military Retirement Ceremony Address" (September 30, 1993),

https://www.americanrhetoric.com/speeches/colinpowellmilitary retirementspeech.htm, accessed July 6, 2020.
26. The quoted phrase is the title of Dean Acheson's 1969 memoir, which was awarded the Pulitzer Prize for History.
27. Maureen Dowd, "War Introduces a Tougher Bush to Nation," *New York Times* (March 2, 1991).
28. "Address to the Joint Session of the 107th Congress (September 20, 2001).
29. Some might argue that Condoleezza Rice, who served as national security adviser during George W. Bush's first term as president, played a substantial role in paving the way for the Iraq War. The available evidence suggests otherwise. White guys like Cheney and Rumsfeld did not take Rice seriously. She occupied a seat near the center of power, but, apart from propping up the president's self-confidence, she appears to have wielded little influence. Michael J. Mazarr, *Leap of Faith: Hubris, Negligence, and America's Greatest For- eign Policy Tragedy* (New York: PublicAffairs, 2019), 86.
30. Steven R. Weisman, "Airing of Powell's Misgivings Tests Cabinet Ties," *New York Times* (April 19, 2004).
31. For the canonical text of the Bush Doctrine, see the president's "Graduation Address at West Point" ( June 1, 2002).
32. Robert Draper, "Colin Powell Still Wants Answers," *New York Times* (July 16, 2020).
33. "Speech at the United Nations" (February 5, 2003), https://www.c-span.org/video/?c4716794/user-clip-colin-powells-speech.
34. Steven R. Weisman, "Powell Calls His U.N. Speech a Lasting Blot on His Record," *New York Times* (September 9, 2005).
35. "Interview with Vice President Dick Cheney," *Meet the Press* (March 16, 2003).
36. For a breakdown of U.S. military deaths by race in the Iraq War, see Nese F. DeBruyne, "American War and Military Operations Casualties:

Lists and Statistics," *Congressional Research Service* (April 26, 2017).
37. Matt Taibbi, "16 Years Later, How the Press That Sold the Iraq War Got Away with It," *Rolling Stone* (March 22, 2019).
38. Sarah Abruzzese, "Iraq War Brings Drop in Black Enlistees," *New York Times* (August 22, 2007).
39. Brent Budowsky, "Obama's Speech Opposing the Iraq War" (October 2, 2002), https://www.huffpost.com/entry/obamas-speech-opposing-th_b_90944, accessed July 4, 2020.
40. "Timeline: US Military Presence in Afghanistan," *Al-Jazeera* (September 8, 2019), https://www.aljazeera.com/news/2019/09/timeline-military-presence-afghanistan-190908070831251.html, accessed July 5, 2020.
41. "Clinton on Qaddafi: 'We Came, We Saw, He Died,'" *CBS News* (October 20, 2011), https://www.cbsnews.com/news/clinton-on-qaddafi-we-came-we-saw-he-died/, accessed July 5, 2020.
42. "U.S. Strategic Nuclear Forces: Background, Developments, and Issues," *Congressional Research Service* (April 27, 2020).
43. "Text of President Obama's Speech in Hiroshima, Japan," *New York Times* (May 27, 2016).
44. Hans M. Kristensen and Matt Korda, "Status of World Nuclear Forces," *Federation of American Scientists* (April 2020).
45. For a narrative account, see Andrew J. Bacevich, *America's War for the Greater Middle East: A Military History* (New York: Penguin Random House, 2016).
46. "Full Replay/Transcript: Donald Trump Speaks in Greenville, NC" (September 6, 2016), https://www.realclearpolitics.com/video/2016/09/06/full_replaytranscript_donald_trump_speaks_in_greenville_nc.html, accessed July 6, 2020.
47. William H. Frey, "The US Will Become 'Minority White' in 2045, Census Projects," Brookings Institution (March 14, 2018).

## 7. KISSING YOUR EMPIRE GOODBYE

1. "Our Irish Regiments in the First World War," https://www.royal-irish.com/stories/our-irish-regiments-in-the-first-world-war, accessed July 15, 2020.
2. A Report to the National Security Council, "United States Objectives and Programs for National Security" (April 14, 1950).
3. "Address to the Democratic National Convention" (July 13, 1972), https://www.youtube.com/watch?v=BSNSVtFC-ZA, accessed July 18, 2020.
4. "A New Covenant for American Security" (December 12, 1991).
5. "Clinton's Words on Somalia: 'The Responsibilities of American Leadership,'" *New York Times* (October 8, 1993).
6. Donatella Lorch, "Last of the U.S. Troops Leave Somalia; What Began as a Mission of Mercy Closes with Little Ceremony," *New York Times* (March 26, 1994).
7. For a brief narrative account of the Somalia intervention, see Andrew J. Bacevich, *America's War for the Greater Middle East: A Military History* (New York: Penguin Random House, 2016), chap. 8.
8. See Bacevich, *America's War for the Greater Middle East*, chap. 10, for details.
9. In 2020, an international criminal court indicted Kosovo's president, Hashim Thaçi, for having committed war crimes. During the war, Thaçi had commanded the Kosovo Liberation Army, which the State Department classified as a terrorist organization. Peter Kingsley and Gerry Mullany, "Kosovo President Is Indicted for War Crimes for Role in War with Serbia," *New York Times* (June 24, 2020).
10. "Address on the Kosovo Agreement" (June 10, 1999).
11. Howard Fineman, "A President Finds His True Voice," *Newsweek* (September 24, 2001).
12. "Splitting the Check: When Allies Helped Pay for Middle East War,"

*NBC News* (September 14, 2014), https://www.nbcnews.com/storyline/isis-terror/splitting-check-when-allies-helped-pay-middle-east-war-n203756, accessed July 28, 2020.

13. Neta Crawford, "United States Budgetary Costs and Obligations of Post-9/11 Wars Through FY2020: $6.4 Trillion," *Costs of War Project* (November 13, 2019).

14. U.S. Treasury, "Historical Debt Outstanding—Annual 2000—2019" (n.d.), https://www.treasurydirect.gov/govt/reports/pd/histdebt/histdebt_histo5.htm, accessed July 28, 2020; Congressional Budget Office, "CBO's Current Projections of Output, Employment, and Interest Rates and a Preliminary Look at Federal Deficits for 2020 and 2021" (April 24, 2020), https://www.cbo.gov/publication/56335, accessed July 28, 2020.

15. William D. Lastrapes, "Why the $22 Trillion National Debt Doesn't Matter—Here's What You Should Worry About Instead," *Conversation* (February 14, 2019).

16. Peter S. Goodman, "The Dollar Is Still King. How (in the World) Did That Happen?," *New York Times* (February 22, 2019).

17. Veta Chan, "'There Are Plenty of Alternatives': The Pandemic Is Threatening to Dethrone the U.S. Dollar," *Fortune* (July 23, 2020).

18. U.S. Treasury, "Interest Expense on the Debt Outstanding" (June 4, 2020), https://www.treasurydirect.gov/govt/reports/ir/ir_expense.htm, accessed July 28, 2020; National Institutes of Health, "Budget" (June 29, 2020), https://www.nih.gov/about-nih/what-we-do/budget, accessed July 28, 2020.

19. Hillary Clinton, "American Global Leadership at the Center for American Progress" (October 12, 2011).

## 8. THE HISTORY THAT MATTERS

1. T. S. Eliot, "Little Gidding" (September 1942).

后秋序

2. "Reports that say that something hasn't happened are always interesting to me, because as we know, there are known knowns; there are things we know we know. We also know there are known unknowns; that is to say we know there are some things we do not know. But there are also unknown unknowns—the ones we don't know we don't know. And if one looks throughout the history of our country and other free countries, it is the latter category that tend to be the difficult ones." "DoD News Briefing—Secretary Rumsfeld and Gen. Myers" (February 12, 2002).
3. "War Message to Congress" (April 2, 1917).
4. For a readily available example by a leading revisionist, see Harry Elmer Barnes, *The Genesis of the World War: An Introduction to the Problem of War Guilt* (New York: Alfred A. Knopf, 1927). In the preface, Barnes writes, "Never was any previous war so widely proclaimed to have been necessary in its origins, holy in its nature, and just, moderate and constructive in its aims. Never was a conflict further removed in the actualities of the case from such pretensions." The entire book is online at https://archive.org/stream/genesisofworldwa00harr/genesisofworldwa00harr_djvu.txt.
5. Robert A. Divine, *Second Chance: The Triumph of Internationalism in America During World War II* (New York: Atheneum, 1967).
6. For video see https://www.youtube.com/watch?v=OQwdyzkDjdA. The narrator, David McCullough, says of this first meeting between the American president and the British prime minister, "The course of the war would be determined by the convergence of these two extraordinary personalities." Stalin might have entertained a different view.
7. The point of origin for this project is William Appleman Williams, *The Tragedy of American Diplomacy* (Cleveland: World Publishing Company, 1959), with subsequent revisions.
8. In a 1954 letter to the executive secretary of the American His-

torical Association, the influential historian–political operative Arthur Schlesinger Jr. went so far as to denounce Williams as a "pro-communist scholar." Paul Buhle and Edward Rice-Maximin, *William Appleman Williams: The Tragedy of Empire* (New York: Psy- chology Press, 1995), 95. By 1966, Schlesinger had had enough, declaring it time to "blow the whistle before the current outburst of revisionism regarding the origins of the cold war goes much further." Schlesinger, letter to the editor, *New York Review of Books* (October 20, 1966).
9. Francis Fukuyama, "The End of History?," *National Interest* (Sum- mer 1989).
10. Bill Clinton, "New Dimensions for American Security," speech delivered at the Foreign Policy Association, New York (April 1, 1992).
11. Eliot A. Cohen, "This Is World War IV," *Wall Street Journal* (Novem- ber 20, 2001); Norman Podhoretz, *World War IV: The Long Struggle Against Islamofascism* (New York: Doubleday, 2007).
12. The authoritative archive of the 1619 Project is at https://www.nytimes.com/interactive/2019/08/14/magazine/1619-america-slavery.html?searchResultPosition=1, accessed August 11, 2020.
13. "Unite the Right Rally," https://en.wikipedia.org/wiki/Unite_the_Right_rally, accessed August 13, 2020.
14. Robin Pogrebin, "Roosevelt Statue to Be Removed from Museum of Natural History," *New York Times* (June 21, 2020).
15. Steven Greenhut, "'Cancel Culture' Is a Dangerous, Totalitarian Trend," *Reason* (August 7, 2020).
16. See, for example, the famous "Harper's Letter," signed by dozens of American writers and intellectuals. "A Letter on Justice and Open Debate," *Harper's* (October 2020).
17. "Transcript: Joe Biden's DNC speech" (August 21, 2020), https://www.cnn.com/2020/08/20/politics/biden-dnc-speech-transcript/index.html, accessed September 28, 2020.

后秩序

## CONCLUSION

1. Leon Wieseltier, "Hitler Is Dead," *New Republic* (May 27, 2002).
2. Wieseltier's piece elicited fierce denunciations in return. See, for example, Ron Rosenbaum, "Can Wieseltier, D.C.'s Big Mullah, Have It Both Ways?," *Observer* (June 10, 2002).
3. A representative work is Lawrence F. Kaplan and William Kristol, *The War over Iraq: Saddam's Tyranny and America's Mission* (San Fran- cisco: Encounter Books, 2003).
4. Harry S. Truman, *Memoirs* (Garden City, NY: Doubleday, 1956), vol. 2, 332–33; Lyndon Johnson, "The President's Address at Johns Hopkins University: Peace Without Conquest" (April 7, 1965).
5. A sampler: Eugene Scott, "Dick and Liz Cheney Liken Iran Deal to Munich Pact," CNN.com (August 29, 2015); Al Weaver, "Graham: Obama Is Worse Than Neville Chamberlain," *Washington Examiner* (September 10, 2015).
6. "President Macron's Initiative for Europe: A Sovereign, United, Democratic Europe," Ministry of European and Foreign Affairs (n.d. [2020]).
7. "Number of Deaths from Terrorist Attacks, World, 1970 to 2017," *Our World in Data*, https://ourworldindata.org/grapher/deaths-from-terrorist-attacks, accessed August 18, 2020.
8. On August 18, 2020, a web search using the terms "terrorism" and "there is no military solution" yielded 365,000 hits.
9. For a primer, see the *Global Exchange* (Issue 3, 2018). This publica- tion of the Canadian Global Affairs Institute contains several arti- cles on Arctic sovereignty.
10. For a concise description of Mexico's security problems, see Carlos Galina, "Mexico's Security Dilemma," Council on Foreign Relations (

January 14, 2020).
11. The data come from readily available agency websites.
12. Jim McKay, "A Depleted Strategic National Stockpile in a Time of Need," *Emergency Management* (May 7, 2020).
13. David Thornton, "Coast Guard Needs More Money to Address Aging Fleets, Readiness," *Federal News Network* (June 5, 2019).
14. On the projected cost of the B-21 bomber, see Ellen Ioanes, "The US Air Force's Secretive New B-21 Stealth Bomber Will Take to the Skies Soon," *Business Insider* (July 24, 2019); on the inadequacy of the Forest Service's tanker fleet, see Bill Gabbert, "Forest Service Needs to Be More Transparent While Spending Hundreds of Mil- lions Contracting for Firefighting Aircraft," *Fire Aviation* (June 2, 2020).